Materiais sustentáveis, processos e produção

Rob Thompson
Fotografias de Martin Thompson

Materiais sustentáveis, processos e produção

Tradução: Débora Isidoro

Editora Senac São Paulo – São Paulo – 2015

Sumário

Como usar este livro — 6
Introdução — 8

Parte um
Materiais

Plásticos — 20
Plásticos de base biológica — 24
  Base de amido
  Monômeros de base biológica
Acetato de celulose — 30
  Processamento em bloco
  Prensagem em bloco decorativa
Borracha natural — 36
Aço — 40
Ligas de alumínio — 44
Ligas de cobre — 48
Vidro — 52
Madeira — 56
  Reflorestamento
  Madeira serrada
Madeira projetada — 62
  Folha
  Madeira laminada
  Compensado

Polpa, papel e papelão — 70
  Polpação
  Produção de papel
Couro — 76
  Remolho e calagem
  Curtimento
  Tingimento, secagem e acabamento
Lã — 84
  Classificação e lavagem
  Cardação
  Tingimento e mistura de cores
  Fiação
  Tecelagem
Fibras vegetais — 94
Prepreg biocomposto — 98

p. 2, em sentido horário: tear de lã por Mallalieu's of Delph; tubos de plásticos reciclados azul e amarelo por Smile Plastics; conjunto de mesa por Ercol; resíduo de metais para reciclagem por Sims Recycling Solutions.

Parte dois
Processos

Moldagem de bioplástico
  por injeção   104
    Plástico à base de amido
    Plástico à base de madeira
Moldagem por compressão   110
Extrusão de plástico   114
    Extrusão de laminado
    Coextrusão
Moldagem de plástico reciclado   120
    Moldagem por rotação
    Moldagem de placa
Laminação de composto   126
Cestaria   132
Moldagem a vapor   136
    Moldagem hidráulica
    Moldagem manual
Sambladura   142
    Cauda de andorinha

    Caixa e espiga
    Espiga múltipla
    Junção Finger
    Encaixe com cunha
    Gabaritos e espigas soltas
Estofamento   152
    Estrutura de madeira
    Estofamento têxtil
Revestimento a água   158
    Spray
    Laca
    Imersão
Eletropolimento   166
Risografia   170
Impressão a água   174
    Serigrafia
    Impressão têxtil
Impressão sem água   180

Parte três
Ciclo de vida

Recuperar, renovar e reusar   186
Embalagem retornável   194
Reciclagem mista   198
    Fragmentação de sucata
    Separação de resíduos mistos
Reciclagem de plásticos   208
Reciclagem de papel   212
Reciclagem de vidro   216

Glossário de termos úteis
  e abreviações   220
Empresas citadas   221
Leitura complementar   222
Créditos de imagens   222
Agradecimentos   222
Índice   223

Como usar este livro

Este guia pretende ser uma fonte de inspiração no processo de design sustentável. São abordados os ciclos de vida de materiais e produtos, incluindo a produção, a manufatura e a vida útil das matérias-primas. Muitos processos são explorados em detalhe, entre eles produção em larga escala e artesanal e novas tecnologias. Os estudos de caso demonstram os principais exemplos de práticas sustentáveis e destacam as oportunidades para designers.

Como usar as seções de processos

O livro é dividido em três partes (codificadas por cores para facilitar a referência): materiais em azul, processos em âmbar e ciclo de vida em verde.

Para cada material e processo são apresentadas as principais razões para que tenha sido selecionado. No caso dos materiais, a descrição enfoca os impactos ambientais da produção. Processos de manufatura são explorados de acordo com os requisitos dos designers: qualidade visual, aplicações, custo e rapidez, materiais compatíveis e impactos ambientais. No caso do ciclo de vida, são considerados o impacto da duração do material no design, os exemplos bem-sucedidos e as implicações no custo.

As ilustrações mostram o funcionamento interno dos processos descritos. Esses princípios definem as restrições técnicas das ferramentas, do equipamento ou da montagem

Informações essenciais
Um guia rápido para as características-chave de cada processo para auxiliar os designers na tomada de decisão. Há notas para cada item: 1 é baixo e 7 é alto. Portanto, os processos mais aplicáveis e sustentáveis terão maior número de pontos na seção superior e menor número de pontos na seção relacionada aos impactos ambientais.

típica de uma oficina. Cada etapa de um processo — como a produção do tecido de lã, que inclui a tosa do carneiro, a classificação, a limpeza, o tingimento, a cardação e a tecelagem, ou o revestimento à base de água, que inclui técnicas de imersão e spray — é explorada individualmente e explicada de maneira técnica.

Como usar os painéis de informações essenciais

A página de abertura de cada processo inclui um painel de informações essenciais. Ele define valores para os fatores-chave que determinam o impacto de cada

Processos e estudos de caso Cada processo, inclusive os utilizados para extrair matérias-primas, manufaturar produtos ou converter produtos em matéria-prima ao final de sua vida útil, é descrito em detalhes. Este exemplo apresenta a produção de alumínio a partir da bauxita, por meio do processo de redução eletrolítica.

processo sobre as pessoas e o ambiente: energia, fontes, poluição e resíduo. Se o processo é usado para extrair materiais, produzir ou reciclar produtos, também inclui valores adicionais e durabilidade. O sistema de pontuação é graduado e vai de um ponto (nota mais baixa) a sete pontos (nota mais alta).

Esses valores são drasticamente afetados pela fonte, pela aplicação e pelo contexto do uso, e pretendem servir como um guia básico para ajudar designers na tomada de decisão.

Processos relacionados, como os diferentes estágios e técnicas utilizados em serigrafia (preparação da tela e impressão), são listados. Além disso, possíveis processos alternativos e concorrentes – tratados neste livro – são destacados.

Como usar os estudos de caso

Essas seções relatam casos reais sobre produção de material, fábricas e oficinas do mundo todo. Demonstram algumas das abordagens mais inovadoras para a produção de produtos sustentáveis e como o artigo pronto é visto pelo consumidor.

Cada processo é descrito passo a passo e é feita uma análise dos estágios fundamentais. Os principais atributos de cada um são especificados, e algumas qualidades, como dimensões e escopo do material, são destacadas quando necessário. Fotos da geometria, da cor, do detalhe e do acabamento de superfície são usadas para mostrar as várias opções que cada processo tem a oferecer.

Ligações relevantes entre os processos, como materiais e reciclagem, são destacadas no texto. É essencial que os designers tenham conhecimento da ampla gama ao seu dispor. Essa informação proporciona um ponto de partida com muitas informações para uma pesquisa mais aprofundada, o que é fundamental para que um designer domine todo o potencial dos materiais e dos processos.

Introdução

Este livro é uma exploração imparcial e otimista das práticas sustentáveis de algumas das fábricas mais inovadoras. Fornece informações sobre produção de materiais, manufatura e reciclagem, e ajudará designers a adotar uma abordagem cada vez mais sustentável e que emita menos dióxido de carbono para o desenvolvimento de produtos, garantindo que seus projetos tenham impacto positivo sobre as pessoas e o ambiente.

Será abordado o ciclo de vida do material, desde florestas e minas a lingotes e grânulos entregues ao fabricante. A produção de metais, plástico, vidro, têxteis e madeira é explorada para fornecer informações sobre o funcionamento das principais companhias desses setores. Muitos materiais têm impacto positivo no meio ambiente: fibras vegetais (p. 94), por exemplo, podem ser cultivadas organicamente e transformadas em compostos biológicos de alto desempenho (p. 98), que são biodegradáveis no fim de sua vida útil, devolvendo nutrientes à terra. Porém, a extração de muitos tipos de material, sobretudo minérios de metal, é inerentemente prejudicial ao ambiente. Nesses casos, materiais reciclados devem ser usados sempre que possível, e o produto deve ser projetado para fazer o melhor uso desses materiais no fim da vida útil.

Serão apresentados também processos de produção artesanal e industrial. Eles incluem técnicas sustentáveis tradicionais, como o uso de materiais locais renováveis

Embalagem de bambu
O vinho de bambu Jiuxiang é embalado no bambu utilizado para produzi-lo. O interior do bambu dissolve-se na mistura de sorgo, milho, trigo e água mineral, criando um sabor singular. O bambu cresce rápido, é renovável e sustentável (não requer fungicida ou pesticida).

(acima), e processos de produção em massa modificados para acomodar mais materiais ambientalmente sustentáveis, como moldagem por injeção (p. 104). Muitos outros processos – além dos apresentados neste livro – podem ser considerados para o desenvolvimento de produtos sustentáveis, dependendo dos materiais, dos processos e dos produtos e de como são aperfeiçoados para minimizar ou eliminar impactos ambientais.

Grânulos de plástico reciclado
Diferentes tipos de plástico são usados em produtos do dia a dia. Foi necessário desenvolver processos sofisticados para separar os tipos sutilmente distintos. Agora também é possível separar grupos de cores para ajudar a manter a alta qualidade da cor nos produtos reciclados.

Produtos no fim de sua vida útil são muito valiosos. Sempre que possível, eles são reutilizados – como embalagens retornáveis (p. 194) – ou são recuperados e reformados – como produtos eletrônicos (p. 186). Isso limita a quantidade de processamento e, portanto, reduz o impacto ambiental total. Se não houver como reaproveitar, o valor do material é extraído pela reciclagem ("Reciclagem mista", p. 198, "Reciclagem de plásticos", p. 208, "Reciclagem de papel", p. 212 e "Reciclagem de vidro", p. 216). Estar atento ao que acontece com um produto no fim de sua vida útil pode garantir maiores índices de recuperação: isso aumenta a eficiência e a probabilidade de materiais recuperados serem remanufaturados em novos produtos. Processos de reciclagem são desenvolvidos rapidamente para lidar com o complexo fluxo de resíduos mistos: plásticos reciclados podem ser quase indistinguíveis de plástico virgem (à esquerda).

Design para sustentabilidade

Design para sustentabilidade trata da consideração do impacto de um produto ou serviço sobre as pessoas e o ambiente durante sua produção, uso e descarte.

Em 1995, a Designtex lançou o estofamento Climatex Lifecycle, o primeiro têxtil de nutrientes biológicos, com a McDonough Braungart Design Chemistry (MBDC) e a fábrica têxtil Rohner. A gama de têxteis demonstra como, levando em consideração o ciclo de vida completo, produtos manufaturados que requerem processos industriais complexos podem ter impacto mínimo, ou até neutro, sobre as pessoas e o meio ambiente. A regulamentação ambiental incentiva o desenvolvimento sustentável. Também há pressão crescente das partes interessadas (*stakeholders*), como consumidores e organizações não governamentais (ONGs), por conta da crescente conscientização das pessoas a respeito das questões ambientais.

Têxteis Designtex A Designtex usa o princípio de design "resíduo equivale a comida", criado por William McDonough e Michael Braungart (como descrito em seu livro *Cradle to Cradle*, 2002), com base em ciclos biológicos naturais. Cada ingrediente é analisado, incluindo materiais e tintas, e só são utilizados aqueles considerados seguros para as pessoas e o meio ambiente. O resultado é que a água que sai da fábrica é limpa, e o resíduo é totalmente biodegradável.

Regulamentação ambiental As leis e a legislação ambiental são implementadas para incentivar a adoção de processos e tecnologias que reduzem emissões, resíduos, consumo de recursos e produção de materiais prejudiciais. Em curto prazo, isso pode elevar o custo, especialmente se houver necessidade de novos equipamentos, e o desrespeito pode acarretar multas pesadas. Em última análise, porém, reduzir o desperdício e melhorar a eficiência economiza dinheiro.

A legislação transfere responsabilidades, tornando indivíduos e organizações responsáveis pela redução do impacto ambiental de bens e serviços. A diretiva de Veículos em Fim de Vida (VFV) foi introduzida na Europa em setembro de 2000. O objetivo é administrar, de maneira mais ambientalmente favorável, entre 8 e 9 milhões de toneladas de veículos tirados de circulação por ano no continente. Para isso, os fabricantes são incentivados a produzir veículos que sejam mais rapidamente desmontados e reciclados – padronizando partes, por exemplo – e a reduzir o uso de materiais nocivos. Paralelamente, a indústria de reciclagem tem criado locais de tratamento adequados, com equipamentos para despoluição, recuperação e fragmentação de acordo com os requisitos da diretiva (p. 200). As diretivas de Resíduos de Equipamentos Elétricos e Eletrônicos (REEE) e de Baterias têm objetivos semelhantes (Reciclagem mista, p. 198). E a Agência de Proteção Ambiental (EPA) aplica iniciativas ambientais nos Estados Unidos.

Padrões ambientais, rótulos e certificações

Rótulos e certificações são usados no mundo todo para identificar produtos sustentáveis. Isso é útil para processos que tradicionalmente são criticados por prejudicar o ambiente e para materiais e produtos originários de países em desenvolvimento, onde a saúde da população e o ambiente podem não ser tão bem-protegidos.

Esta é uma breve seleção de algumas certificações populares e relevantes para o design: Nordic Ecolabel (www.nordic-ecolabel.org), Blue Angel (www.blauer-engel.de) e EU Ecolabel (ec.europa.eu/environment/ecolabel). Elas são usadas para identificar produtos que atendem a requisitos ambientais muito elevados com base em Avaliação do Ciclo de Vida (ACV). Isso inclui o exame de matérias-primas, produção, uso e descarte. A Fairtrade (www.fairtrade.org.uk) promove preços melhores, condições de trabalho decentes, sustentabilidade local e termos de comércio justos para produtores agrícolas e trabalhadores de países em desenvolvimento, incluindo produtos agrícolas como algodão. A Oeko-Tex Standard (www.oeko-tex.com) certifica têxteis que não contêm substâncias nocivas. A Programme for the Endorsement of Forest Certification (PEFC) (www.pefc.org) é a maior organização de certificação, e promove a administração sustentável das florestas. A Forest Stewardship Council (FSC) (www.fsc-uk.org) está ligada à certificação de administração florestal e à cadeia de custódia; permite ao consumidor identificar, comprar e usar madeira e produtos oriundos de florestas de fontes bem-administradas.

Stakeholders Esgotamento de recursos, aquecimento global, poluição e desastres provocados pelo ser humano elevam a conscientização das pessoas sobre o impacto que causamos no planeta. Em *Green to Gold* (2006), Daniel C. Esty e Andrew S. Winston explicam como as empresas podem entrar na "onda verde" e tirar vantagem competitiva de desafios ambientais. Há muitos exemplos de negócios que reduzem seu impacto no meio ambiente e aumentam os lucros ao atender ou superar as demandas ambientais do consumidor.

As ONGs desempenham papel crucial no processo de regulamentação: elas instigaram e continuam promovendo muitas certificações e rótulos ambientais. Há milhares em funcionamento: entre as principais estão o Greenpeace (www.greenpeace.org), a Friends of the Earth (www.foe.co.uk), a National Wildlife Federation (www.nwf.org) e a World Wildlife Fund (WWF) (www.worldwildlife.org). Todas têm base nos princípios de proteção às pessoas, à biodiversidade e aos recursos do planeta, e em muitos casos fornecem dados cruciais e críticos para decisões de empresas e governos.

Avaliação do Ciclo de Vida (ACV) A análise do impacto ambiental total de um produto em cada estágio de sua vida é conhecida como Avaliação do Ciclo de Vida (ACV). São determinados valores para cada estágio: produção de matéria-prima, transporte, manufatura, distribuição, uso e descarte. É muito útil comparar produtos, mas calcular valores precisos é bastante complexo, especialmente se um produto é feito de muitos materiais de diferentes fontes e distribuído no mundo inteiro.

A energia total necessária para manufaturar materiais é chamada energia incorporada. Ela é usada como uma comparação por peso (MJ/kg) ou volume (MJ/m^3). A dificuldade é que diferentes grupos de materiais não têm o mesmo desempenho. Materiais leves provavelmente terão elevado MJ/kg e baixo MJ/m^3; plástico, por exemplo, tem MJ/kg mais alto e MJ/m^3 mais baixo, se comparado ao aço.

Produtos de madeira Produtos de madeira projetada (p. 62) são feitos de lâminas de madeira, matérias do núcleo ou partículas que são unidas por fortes adesivos em pressão elevada. São fortes, decorativos e possuem uso eficiente de materiais. A quantidade de energia requerida para fazê-los será maior do que para a madeira serrada: compensado de bétula tem de três a cinco vezes mais MJ/kg do que bétula seca em estufa. Em oposição, madeira seca ao ar livre tem quase zero de energia incorporada, e a árvore armazena dióxido de carbono da atmosfera à medida que ela cresce.

Cestaria Feita com materiais naturais renováveis – pinheiro (alto), casca de bétula (meio) e cana (embaixo) –, a cestaria evoluiu tirando máximo proveito de materiais disponíveis localmente. A trama de cestaria é utilizada para a produção de recipientes de armazenamento, embalagens, mobília, bolsas e chapéus.

Geralmente, materiais mais caros têm mais energia incorporada porque têm maior custo de produção. O valor exato depende dos ingredientes, da distância pela qual o material foi transportado, do conteúdo reciclado, do uso de energia, etc. Por exemplo, aço inoxidável é relativamente caro, mas pode ser reciclado prontamente, então, é provável que seja feito de várias gerações de metal reciclado. Em oposição, produtos de madeira podem ou não ser de fontes certificadas, madeira flexível, madeira dura, revestida ou laminada, e a energia usada na produção pode vir de resíduo de madeira (acima, à esquerda).

Materiais

A seleção do material impacta bastante a sustentabilidade dos produtos e serviços. Excluindo a energia consumida pelos produtos durante seu tempo de vida – o maior impacto ambiental de um aspirador de pó ou de uma máquina de lavar é a energia usada no seu funcionamento –, os materiais podem ser a maior consideração ambiental porque a extração, o processamento e o refino podem ser poluentes e consumir muita energia.

Materiais naturais, como madeira (p. 56) e fibras vegetais (p. 94), são manufaturados com pequeno processamento da matéria-prima. A madeira pode ser seca naturalmente, enquanto a cestaria usa materiais locais, renováveis (acima, à direita). A lã (p. 84) é um material bonito e versátil usado para fazer estofados (p. 152) e roupas. É naturalmente resistente à água e ao fogo, e é um bom isolante. Biocompostos (p. 98) combinam as propriedades de fibras naturais com bioplásticos (p. 24) para produzir partes de alto desempenho que são leves, de baixo custo e podem ser biodegradáveis (ao lado, à esquerda).

Carro de corrida WorldFirst Patrocinado pelo Warwick Innovative Manufacturing Research Centre (WIMRC) no Warwick Manufacturing Group, o carro de corrida WorldFirst é projetado e produzido com materiais sustentáveis e renováveis. A carroceria laminada é feita de fibra de carbono reciclada e linho, e o volante é de bioplástico reforçado com nanofibras de celulose de cenouras e outras raízes.

Composto de linho Cones de composto de linho, manufaturados pela Lola usando pré-impregnado de tecido de linho da Composites Evolution e Umeco, são rigorosamente testados no Warwick Manufacturing Group. Esses plásticos reforçados com linho têm absorção de energia similar (por peso) a materiais sintéticos como carbono e vidro. Pesquisas e novas formulações de materiais são desenvolvidas continuamente.

A fonte dos materiais é crítica. Por exemplo, o couro (p. 76) é um material natural e um subproduto da produção de carne. O curtimento, usado para curar o couro cru e produzir couro de longa duração, tem sido criticado por poluir e usar cromo (material industrial comum que é cancerígeno em algumas formas, mas não na utilizada para o curtimento). Algumas empresas, como a Heinen Tannery, no entanto, têm feito enormes progressos nas etapas da produção para reduzir o consumo de água e energia e reutilizar ou reciclar produtos químicos e subprodutos. O cânhamo industrial é um importante material sustentável que cresce em muitos climas com uso mínimo de pesticidas e herbicidas. As fibras usadas em têxteis, fabricação de papel e biocompostos, por exemplo, são longas, fortes, duráveis, antimicrobianas e biodegradáveis. O cultivo, porém, é limitado por causa da associação próxima com a maconha (uma droga psicoativa).

Os plásticos são derivados do petróleo (ver "Plásticos", p. 20), têm base biológica (p. 24) ou são semissintéticos (ver "Acetato de celulose", p. 30, e "Borracha natural", p. 36). Os plásticos biodegradáveis formam outra classe de produtos que podem ou não ter base biológica. Dependendo do tipo e da origem do material, os bioplásticos não são necessariamente superiores em termos ambientais, se fatores como modificação genética, pesticidas, fungicidas e terreno usado forem levados em consideração.

O aço é o metal mais comum, e sua produção é relativamente eficiente em termos de energia: requer aproximadamente 50% menos energia que o plástico para o mesmo peso de material. A produção de ligas de metal, como o alumínio (p. 44), o magnésio e o titânio, consome muito mais energia. Diferentemente dos plásticos e metais, porém, são altamente recicláveis. Reciclar alumínio requer só 5% de energia e produz apenas 5% do dióxido de carbono equivalente às emissões da produção primária de alumínio. A eficiência em longo prazo da reciclagem do metal depende de como as ligas são separadas: há muitos graus diferentes de liga de alumínio, por exemplo, variando do macio e maleável ao firme e flexível, dependendo dos ingredientes usados.

O vidro é produzido em processo contínuo, 24 horas por dia, 365 dias por ano. São necessárias altas temperaturas, mas a produção é relativamente eficiente. Há vários tipos diferentes, sendo a mais comum a cal sodada produzida pelo processo de vidro flutuante (p. 52). A apara de vidro, conhecida como pó de vidro, é misturada aos ingredientes – areia de sílica, dolomita, cal e soda – para reduzir a temperatura do fogo necessária à produção da matéria-prima.

Processos

Os fabricantes estão sempre melhorando a eficiência: resíduo, energia e emissões são reduzidos para diminuir custos e satisfazer à nova e evolutiva legislação. Quando se considera o impacto ambiental total de um produto, as prioridades devem se associar à boa prática comercial.

Produção em baixa escala e em série Os processos tradicionalmente sustentáveis, como a tecelagem (p. 92; "Cestaria", p. 132), a sambladura (p. 142),

o estofamento (p. 152) e a moldagem a vapor (p. 136), são manuais. Isso significa menos processos automatizados que consomem energia e menos resíduos em comparação à produção em massa. Os produtos são considerados mais valiosos também pelos consumidores, porque o caráter artesanal é visível no artigo pronto.

A serigrafia (p. 174) é usada para aplicar estampas e colorir bolsas, camisetas e embalagens, por exemplo. Tintas à base de água não contêm químicas prejudiciais, solventes ou plásticos, porém são mais difíceis de usar do que as tintas convencionais e secam mais rápido. Por causa disso, não são muito usadas, mas têm sido utilizadas por um pequeno número de estampadores de pensamento progressista. Tintas à base de água (p. 158) têm muitas vantagens em relação a produtos à base de solvente: têm boa qualidade visual, baixo custo e durabilidade, e são atóxicas. Têm sido amplamente adotadas na indústria moveleira e automobilística para todas as escalas de aplicação, até a produção em massa.

Produção em massa Moldagem por injeção (p. 104) é o processo mais usado para a produção em massa de produtos de plástico. Também é utilizada para moldar bioplásticos, que podem ter menor impacto ambiental do que os plásticos convencionais e têm sido usados como substitutos diretos destes.

Plásticos reciclados Moldados pela Smile Plastics, esse material de folhas coloridas é manufaturado com plástico reciclado (p. 208). Idealmente, os materiais são reciclados e transformados em produtos de igual qualidade para preservar seu valor – por exemplo, resíduos de caiaques reciclados viram novos caiaques (p. 122).

Impressão sem água Gráficos e textos podem ser reproduzidos com maior precisão com a impressão sem água porque a tinta é mais viscosa e é mantida no cilindro de impressão por bolsas precisamente gravadas.

A seleção do material é fundamental porque, da mesma forma que a moldagem por injeção, muitos processos podem ser convertidos para acomodar mais materiais sustentáveis. Escolher um material alternativo – a menos que seja um substituto direto – significa adotar uma nova abordagem para o design e a engenharia do produto. Por exemplo, plásticos reciclados podem ser moldados com processos convencionais, mas podem necessitar de uma mudança parcial no design e nas ferramentas (acima, à esquerda).

As mais excitantes inovações da manufatura ambientalista também melhoram a qualidade de um produto. Por exemplo, a impressão sem água (p. 180) é um processo de impressão em massa cada vez mais utilizado (acima, à direita). Comparados aos da litografia offset, os custos da unidade são equivalentes, a qualidade de reprodução é muito elevada e pode ser mais precisa, as emissões prejudiciais são reduzidas em torno de 95% e o consumo de água é drasticamente diminuído.

Ciclo de vida

Saber a vida útil de um material é essencial para o desenvolvimento de produtos mais sustentáveis. Materiais naturais e até alguns sintéticos ("Plásticos", p. 20) podem ser devolvidos à terra pela compostagem. Tecnicamente, isso significa que mais de 90% deve ser convertido em dióxido de carbono, água e biomassa dentro de noventa dias. Todos os materiais vão biodegradar, alguns mais devagar que outros. Como alternativa, o material residual é queimado para gerar energia. Isso pode neutralizar a emissão de carbono; um exemplo é a queima de resíduo de madeira para gerar a energia necessária para a produção de produtos de madeira, já que queimá-la devolve à atmosfera só o que foi absorvido pela árvore durante seu crescimento. A queima de outros materiais residuais deve ser cuidadosamente controlada, porque é provável que eles contenham componentes nocivos que podem ser liberados na atmosfera, prejudicando pessoas e meio ambiente.

Reduzir   Eliminar partes, materiais, peso, resíduo inútil e conteúdos tóxicos é benéfico tanto para a economia como para o ambiente. Para que isso seja realmente eficaz, todos os elementos devem ser considerados e reduzidos para corresponder ao valor que pode ser obtido do produto no fim de sua vida útil.

Reutilizar   Evitar o envio de materiais ao aterro é fundamental. Se podem ser reutilizados sem reprocessamento trabalhoso, isso ajuda a reduzir o impacto ambiental total ("Recuperar, renovar e reusar", p. 186). Porém, deve ser levado em conta o momento em que serão descartados ou reciclados.

Reciclar   No passado, materiais semelhantes – diferentes qualidades de plástico, por exemplo – eram com frequência misturados durante a reciclagem. Conhecido como *downcycling*, esse processo produz materiais de qualidade inferior. Hoje em dia, processos sofisticados são empregados para separar todos os materiais com cuidado, de forma que possam ser reciclados para gerar matérias-primas de alta qualidade, que são, em alguns casos, indistinguíveis do material virgem ("Reciclagem mista", p. 198, e "Reciclagem de plásticos", p. 208).

Materiais que são misturados permanentemente são os mais difíceis de reciclar (acima e ao lado, à esquerda). Por outro lado, usar um único tipo de material, ou menos materiais diferentes, aumenta os índices de recuperação.

Reciclagem de materiais compostos   Com a tecnologia atual é muito difícil – impossível na maioria dos casos – reciclar 100% dos materiais, se dois ou mais estão permanentemente unidos. O revestimento de metal sobre esta memória de computador é a parte mais valiosa: para recuperá-lo, o plástico é queimado no processo de fundição. Dessa forma, o plástico é utilizado como combustível, facilitando o processo de reciclagem do metal.

Plásticos estão disponíveis em diversas formas, mas é possível que um único tipo de plástico possa ser utilizado para atender a diversos requisitos. Para utilização na indústria automotiva, isso pode significar produzir painéis interiores, tapetes e outras partes com um único tipo de plástico que seja adequadamente versátil, como o polipropileno (ao lado, à direita).

Os capítulos seguintes fornecem muitas informações sobre como os fornecedores de materiais, os fabricantes e a indústria da reciclagem estão se desenvolvendo. Cabe aos designers, munidos da informação e das ideias apresentadas nas próximas páginas, comprometerem-se e garantirem que seus produtos tenham impacto positivo e duradouro sobre as pessoas e o ambiente.

Curv® folha de polipropileno Este material leve é feito de 100% polipropileno (PP) e combina fibras estiradas de PP (propriedades anisotrópicas) em um material laminado reforçado. Essa consolidação produz um material com todas as propriedades da folha de PP (por exemplo, excelente resistência ao impacto, mesmo em baixas temperaturas) e a força tênsil da fibra estirada de PP. Isso significa que no fim de sua vida útil seu processamento é mais direto do que o de compostos como vidro ou plástico reforçado por fibra de carbono.

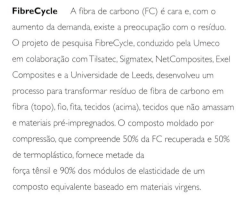

FibreCycle A fibra de carbono (FC) é cara e, com o aumento da demanda, existe a preocupação com o resíduo. O projeto de pesquisa FibreCycle, conduzido pela Umeco em colaboração com Tilsatec, Sigmatex, NetComposites, Exel Composites e a Universidade de Leeds, desenvolveu um processo para transformar resíduo de fibra de carbono em fibra (topo), fio, fita, tecidos (acima), tecidos que não amassam e materiais pré-impregnados. O composto moldado por compressão, que compreende 50% da FC recuperada e 50% de termoplástico, fornece metade da força tênsil e 90% dos módulos de elasticidade de um composto equivalente baseado em materiais virgens.

Materiais

Materiais

Plásticos

Plásticos são versáteis: oferecem grande força, baixo peso e uma ampla variedade de cores vivas que são relativamente acessíveis. Derivados predominantemente do petróleo cru, os plásticos podem ser reciclados no fim de sua vida útil, ou a energia neles contida pode ser recuperada por incineração.

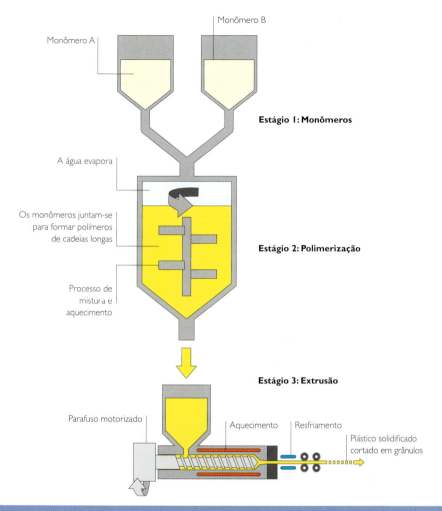

Informações essenciais

DISPONIBILIDADE	●●●●●○○
DURABILIDADE	●●●●●○○
RECICLABILIDADE	●●●●●○○
BIODEGRADABILIDADE	●○○○○○○

Impactos ambientais por kg

ENERGIA	●●●●●●○
FONTES	●●●○○○○
POLUIÇÃO	●●●●○○○
RESÍDUO	●●●○○○○

Materiais relacionados:
- Termoplástico
- Plástico termoendurecido

Materiais alternativos e concorrentes:
- Vidro
- Metal
- Papel e papelão

O que é polimerização?

Os plásticos sintéticos são polímeros: cadeias longas de unidades repetidas (monômeros). Normalmente são feitos de petroquímicos, que são derivados do petróleo cru, mas também podem usar blocos de construção de base biológica derivados de, por exemplo, milho, trigo ou arroz.

O petróleo cru bruto é formado de diversos tipos de hidrocarbonetos (compostos que contêm só hidrogênio e carbono). Hidrocarbonetos de diferentes massas moleculares são separados por destilação fracionada. Uma maneira de obter monômeros, como o etileno e o propileno, do fracionamento do petróleo é pelo craqueamento.

Nesse exemplo de polimerização (conhecido como policondensação), no estágio 1 os monômeros são levados a um recipiente reator. No estágio 2, são aquecidos e agitados continuamente, até se unirem formando longas cadeias de polímeros: ao longo de 12 a 24 horas a água evapora, e a mistura líquida torna-se cada vez mais viscosa. No estágio 3, o polímero passa pelo processo de extrusão, sendo cortado em grânulos e seco por cerca de 30 horas.

Notas sobre impactos ambientais

Os dois principais grupos de plásticos são os termoplásticos e os termoendurecidos. A maioria deriva do petróleo cru. Alguns podem ter base biológica (abaixo), mas nem sempre são biodegradáveis e seu impacto ambiental não é necessariamente superior ao de plásticos convencionais, se fatores como uso de água e terra forem levados em conta. Os plásticos biodegradáveis formam outra classe de produtos que podem ou não ser de base biológica. Seus benefícios ambientais dependem da aplicação. São uma maneira eficiente de conter e descartar matéria orgânica em fluxos de resíduos de compostagem municipal. Isso reduz a quantidade de resíduos sólidos que vai para os aterros. Sistemas especiais de separação podem ser usados para garantir que plásticos biodegradáveis não contaminem fluxos de reciclagem de outros plásticos.

Com relação à ecoeficiência, a recuperação de energia por incineração é com frequência mais eficiente que a reciclagem de plásticos. Mesmo assim, os termoplásticos podem ser reciclados, mas, por causa dos processos e da contaminação, sua força e qualidade são ligeiramente reduzidas a cada ciclo, limitando a sua utilização. Já os plásticos termoendurecidos, quando moldados, formam ligações cruzadas permanentes entre as cadeias de polímeros, portanto, não podem ser diretamente reciclados.

Os plásticos são muito criticados por conterem substâncias nocivas como ftalatos e bisfenol A, e estão sujeitos a restrições em muitos países. Porém, existem plastificantes isentos de ftalatos para utilizações específicas, como em brinquedos e equipamentos médicos, feitos de PVC.

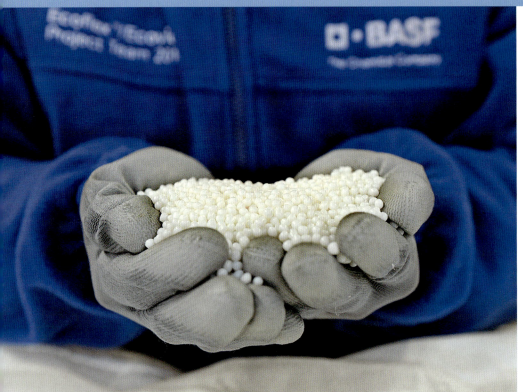

Plástico biodegradável   Os plásticos biodegradáveis derivados de petróleo são compostáveis ou oxidegradáveis. Os plásticos oxidegradáveis fragmentam-se em pequenas partículas, mas sua biodegradabilidade não é cientificamente provada.

O Ecoflex® e o Ecovio®, da Basf, são plásticos totalmente biodegradáveis usados em embalagens. O Ecoflex® é um poliéster de base parcialmente biológica que tem as propriedades do polietileno convencional (PE), mas é totalmente biodegradável em condições de compostagem. O Ecovio® consiste de ácido polilático (PLA) e Ecoflex®.

1

2

3

4

Estudo de caso

Produção de plástico a partir de óleo cru

Empresa Basf www.basf.com

O campo de petróleo Mittelplate, na Alemanha, localiza-se no limite sul do Parque Nacional Marítimo, nas planícies de maré. O petróleo cru tem sido extraído nessa delicada área de produção sem um único incidente desde 1987 (imagem **1**).

Na refinaria, o petróleo cru é limpo, e a destilação fracionada separa os diferentes tamanhos de hidrocarbonetos. Os petroquímicos resultantes são quebrados em olefinas e aromáticos por craqueamento catalítico fluidizado ou craqueamento a vapor, que ocorre em grandes torres (imagem **2**). É ali que o etileno e o benzeno, entre outros produtos, são extraídos da matéria-prima do petróleo (nafta). Os dois produtos químicos são usados como recurso para a produção de estireno, que é empregado em vários plásticos e espumas. Os plásticos respondem por apenas 5% do consumo global de petróleo, e a energia pode ser recuperada por incineração ou reciclagem (p. 208) no fim de sua vida útil.

As matérias brutas — há milhares de tipos de plástico e os componentes e processos usados para cada um são diferentes — são misturadas e polimerizadas. O plástico é misturado a aditivos e pigmentos para utilizações específicas. Nesse caso, o material final sofre extrusão (imagem **3**) e é cortado em grânulos (imagem **4**).

Plásticos 23

Materiais

Plásticos de base biológica

Plásticos de base biológica são derivados de fontes renováveis de biomassa, usam menos energia para a manufatura do que plásticos de petróleo e às vezes são compostáveis. Utiliza-se amido na forma bruta ou processado por fermentação bacteriana produzindo monômeros de base biológica, que são polimerizados em bioplásticos.

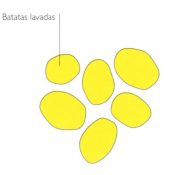

Batatas lavadas

Estágio 1: Colheita

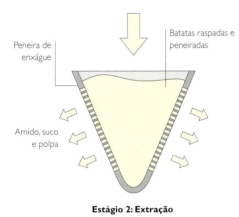

Peneira de enxágue · Batatas raspadas e peneiradas · Amido, suco e polpa

Estágio 2: Extração

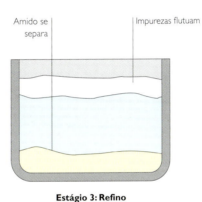

Amido se separa · Impurezas flutuam

Estágio 3: Refino

Informações essenciais

DISPONIBILIDADE	●●●○○○○
DURABILIDADE	●●●●●○○
RECICLABILIDADE	●○○○○○○
BIODEGRADABILIDADE	●●●●●●○

Impactos ambientais por kg

ENERGIA	●●●○○○○
FONTES	●●●○○○○
POLUIÇÃO	●●●●○○○
RESÍDUO	●●○○○○○

Materiais relacionados:
- Poli-hidroxialcanoato (PHA) e Poli-beta-hidroxibutirato (PHB)
- Ácido polilático (PLA)
- Biomateriais à base de amido
- Amido termoplástico (TPS)

Materiais alternativos e concorrentes:
- Plástico

O que é extração de amido?

O amido existe naturalmente em plantas como batatas, milho, trigo, arroz, etc. O plástico à base de amido é produzido com o material bruto, diferentemente dos bioplásticos, que são produzidos por fermentação bacteriana de amido (p. 28) e polimerização (p. 21). O amido bruto também é usado na fabricação de papel para acrescentar resistência (p. 74), em têxteis para dar rigidez e como açúcar em alimentos processados.

No estágio 1, a planta é colhida e lavada. No estágio 2, as batatas são enxaguadas, raspadas e peneiradas. Isso quebra as células tubulares e libera o amido. A polpa passa por um intenso processo de lavagem, e a mistura resultante é peneirada para separar a polpa, o suco e o amido.

No estágio 3, a mistura é lavada repetidamente para separar as impurezas, que flutuam na superfície quando o amido decanta. Ele então é seco, formando um pó branco.

Notas sobre impactos ambientais

Os plásticos de base biológica são derivados de biomassas como as do milho ou da batata. Suas propriedades podem ser semelhantes às dos plásticos derivados do petróleo, mas eles usam de 20% a 30% menos energia em sua produção. Podem ser manufaturados com equipamento convencional para a formação de plástico, como um molde injetor (p. 104), molde de sopro, termoformagem e extrusão de filme soprado.

Alguns são compostáveis, enquanto outros são biodegradáveis. Compostável significa que correspondem aos padrões dos Estados Unidos e da União Europeia para degradação em condições de compostagem (mais de 90% deve ser convertido em dióxido de carbono, água e biomassa dentro de noventa dias). As normas são determinadas pela ASTM 6400 e EM 13432, respectivamente. No Brasil, os padrões são definidos pela NBR 15448-1/2, da Associação Brasileira de Normas Técnicas. Já biodegradável significa simplesmente que o material pode ser quebrado em dióxido de carbono, água e biomassa por micro-organismos dentro de um período de tempo razoável.

A origem da biomassa é crítica porque o impacto do crescimento dos grãos — como desflorestamento, modificação genética, uso de máquinas movidas a petróleo para a produção e o transporte ou o deslocamento da produção local de alimentos e a elevação do seu preço — pode superar os benefícios.

Embalagem biodegradável à base de amido Os plásticos à base de amido podem conter 70% de amido ou mais. Quanto mais elevado o conteúdo de amido, mais rapidamente o plástico se quebra; os plásticos com alta porcentagem de amido, como o desse preenchimento para embalagem (também conhecido como flocos de embalagem), dissolvem em água em mais ou menos 15 minutos.

Talher de amido termoplástico (TPS) Continuar o processamento do amido bruto por fermentação bacteriana com extrato de levedura e glucose em água produz amido termoplástico. Esse é um material mais durável e moldável utilizado na fabricação de talheres, filmes, luvas cirúrgicas e tecidos.

Estudo de caso

Preparação de plástico à base de amido PaperFoam

Empresa PaperFoam www.paperfoam.com

O pó branco de amido é a base do PaperFoam (imagem **1**). Na produção desse material de base biológica, outros elementos, entre eles fibras longas e curtas de madeira, são adicionados para dar resistência (imagens **2** e **3**). Tudo é misturado em um processador de alimentos (imagem **4**) com água, corante e alguns componentes patenteados. As proporções típicas são 70% de amido, 15% de reforço de fibra e 15% de mistura prévia. O material misturado (imagem **5**) está pronto para receber forma por injeção (p. 104) ou por compressão (p. 110). A água faz o material espumar quando é moldado, resultando em partes rígidas e leves.

Plásticos de base biológica 27

O que é fermentação bacteriana?

O amido existente nas plantas é transformado em monômeros de base biológica por meio de fermentação bacteriana. Os monômeros são convertidos em bioplásticos como poli-hidroxialcanoato (PHA) e ácido polilático (PLA) por meio de polimerização (p. 21). Esse é um processo recente, e a tecnologia está constantemente progredindo por meio de pesquisa e desenvolvimento.

Os micro-organismos alimentam-se dos açúcares no biorreator e multiplicam-se. Quando uma quantidade suficiente é produzida, o conteúdo nutriente é modificado (limitando oxigênio ou nitrogênio, por exemplo) e é acrescentado carbono excedente, o que leva a bactéria a sintetizar PHA ou ácido lático, no caso de PLA. Dependendo dos micro-organismos e do processo de cultivo, muitos tipos diferentes de monômero de base biológica podem ser produzidos.

Depois da biossíntese, as paredes das células da bactéria são quebradas e o monômero é extraído e purificado, pronto para a polimerização.

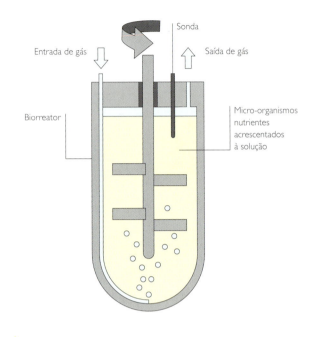

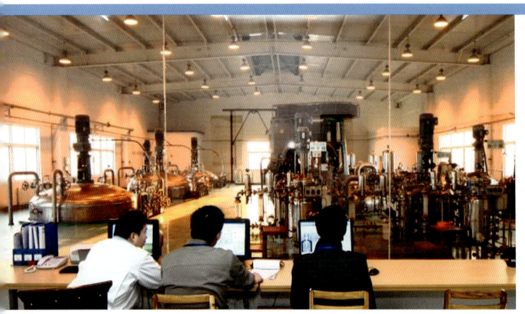

Fábrica de produção de bioplástico A produção lembra um laboratório científico e contrasta completamente da dos plásticos sintéticos. A fermentação bacteriana é mais comumente associada à culinária — por exemplo, ao preparo de iogurte, pão e *kimchi* (repolho fermentado coreano).

Uma variedade de polímeros é produzida com diferentes propriedades. Por exemplo, o PHA é comumente transformado em poli-beta-hidroxibutirato (PHB), que tem propriedades semelhantes às do polipropileno (PP).

1

2

3

Estudo de caso

Desenvolvimento de bioplástico

Empresa Bioresins www.bioresins.eu

Esses bioplásticos têm propriedades semelhantes às do plástico convencional à base de petróleo. Os grânulos (imagem 1) são processados com equipamento convencional de moldagem de plástico (p. 104), sopro, extrusão e filme soprado. Eles também são laminados e moldados como biocompostos (p. 98).

As propriedades variam de duro e rígido a flexível. O PHA e o PLA são desenvolvimentos recentes e portanto são relativamente caros em comparação a polímeros como o polipropileno (PP) e o polietileno (PE): o PLA custa o dobro do preço e o PHA é cerca de quatro vezes mais caro, levando em conta as mudanças de densidade.

O bioplástico é usado para fazer garrafas (imagem 2), filme para embalagem (imagem 3), brinquedos, talheres, produtos de papelaria, compostos e partes eletrônicas; muitas outras utilizações têm sido exploradas à medida que a demanda por material natural renovável aumenta. O PHA tem propriedades semelhantes às do PP ou do poliestireno (PS), dependendo dos ingredientes exatos. O PLA, porém, tem propriedades semelhantes às do PS ou do polietileno tereftalato (PET), usado comumente em garrafas de bebida. O PHA, o poli-beta-hidroxibutirato (PHB) e o PLA são totalmente biodegradáveis em ambientes microbianos ativos.

Materiais

Acetato de celulose

Plástico semissintético derivado de fibras de algodão e polpa de madeira. É moldado por calandragem, prensagem em bloco, injeção, extrusão ou maquinário – ou por uma combinação desses processos. Técnicas artesanais e industriais produzem padrões complexos e efeitos de cor que, de outra forma, seriam inconcebíveis em plástico.

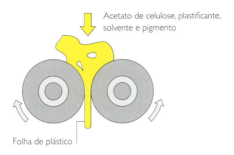

Estágio 1: Mistura e calandragem

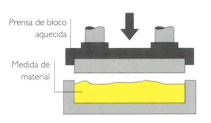

Estágio 2: Prensa de bloco

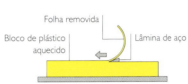

Estágio 3: Fatiar

Informações essenciais

DISPONIBILIDADE	●●●●○○○
DURABILIDADE	●●●●●○○
RECICLABILIDADE	●●●●●●●
BIODEGRADABILIDADE	●●●●●●●

Impactos ambientais por kg

ENERGIA	●●●●●○○
FONTES	●●●●○○○
POLUIÇÃO	●●●○○○○
RESÍDUO	●●●○○○○

Materiais alternativos e concorrentes:
- Plástico
- Madeira

O que é processamento em bloco?

Na preparação, o pó de acetato de celulose é misturado com plastificante e solvente para ficar macio e maleável. Isso produz uma pasta homogênea que é filtrada para remover impurezas e garantir que a melhor cor seja alcançada.

A pasta é misturada com pigmento e calandrada entre dois cilindros rotatórios. Isso cria uma folha de material adequada à prensagem de bloco ou ao corte e à laminação para criar efeitos 3D coloridos e decorativos (p. 33).

Em um segundo passo, uma quantidade predeterminada de material é posta na prensa. Ele é aquecido e, com a pressão, o plástico se consolida e endurece para formar um bloco sólido. Enquanto ainda está quente, o que torna o processamento mais fácil, as folhas são retiradas dele. Elas são usadas como estão, laminadas ou novamente prensadas.

Notas sobre impactos ambientais

A celulose tem sido usada na produção de plásticos por mais de um século. Ela é derivada do algodão e da madeira, que deve ser de fontes renováveis e certificadas ("Madeira", p. 56). Os plásticos à base de celulose são produzidos de celulose quimicamente modificada, usando ácido acético: até 70% do material final é composto por componentes de base vegetal. O tipo mais comum é o acetato de celulose (AC), que é usado em armações de óculos de alta qualidade (ao lado) porque é confortável na pele. Outras utilizações são filmes para embalagem, filtros, adesivos, revestimentos, produção de papel (p. 74) e têxteis ("Tecelagem", p. 92). Acetato de celulose é reciclável e totalmente biodegradável em condições de compostagem controladas.

A produção de plásticos à base de celulose está em contínuo desenvolvimento para reduzir os impactos ambientais. Um exemplo notável é o acetato de celulose M49®, manufaturado por Mazzucchelli; ele é feito com um plastificante derivado de biomassa (em oposição ao petróleo) e não inclui ftalatos (ver estudo de caso a seguir).

Estudo de caso

Efeito casco de tartaruga com acetato de celulose

Empresa Mazzucchelli
www.mazzucchelli1849.it

O acetato de celulose, que é idêntico em aparência mas tem composição química ligeiramente diferente do pó de extrusão (p. 117), é misturado com solvente, plastificante e pigmento. A pasta macia é misturada entre dois rolos pesados (imagens **1** e **2**). Os três tons de marrom que serão usados para criar o efeito casco de tartaruga são cuidadosamente controlados. É um processo altamente especializado, porque a qualidade da folha final será determinada pela consistência de cor e concentração da mistura.

As cores são cortadas em cubos (imagem **3**), que então são espalhados pela prensa de bloco. Depois de cerca de um dia, o bloco de 250 kg é removido da prensa (imagem **4**).

As folhas são retiradas do bloco (imagem **5**). O material é flexível nesse estágio porque está quente e ainda contém solvente. O solvente é removido pela secagem em forno a 55°C por cerca de quinze dias. Depois o material é prensado outra vez para torná-lo plano. As armações de óculos são cortadas da folha com maquinário CNC (imagem **6**).

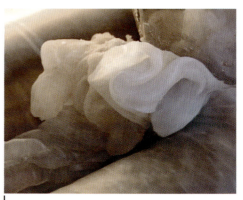

32 Materiais

3

4

5

6

O que é prensagem em bloco decorativa?

O acetato de celulose formado pelos processos de calandragem ou bloco (p. 31) é cortado em pedaços ou folhas e devolvido à prensa. O processo é o mesmo, mas o material vai parecer muito diferente quando estiver terminado. O principal é que cada peça será única, porque os moldes são preparados à mão.

A laminação é usada para combinar folhas que têm detalhes impressos na superfície, encapsulando assim a camada de impressão no interior do bloco. Sobrepor folhas coloridas e estampadas em ângulos cria efeitos 3D impressionantes no bloco. Pressionar peças de plástico que são variações de uma cor, porém, produz uma aparência furta-cor, um efeito parecido com veios de madeira ou pérola.

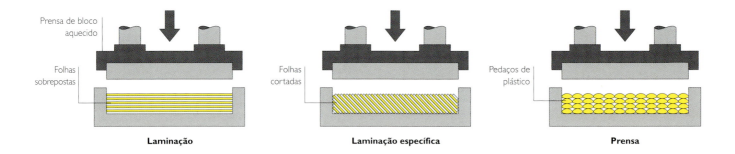

Estudo de caso

Folhas de acetato de celulose artesanais

Empresa Mazzucchelli
www.mazzucchelli1849.it

A celulose foi originalmente desenvolvida como uma alternativa para o casco de tartaruga e o osso. O processo evoluiu pela combinação de artesanato altamente especializado e técnicas industriais. Por esse motivo, atualmente ela é considerada um material valioso. Isso se deve em grande parte a Mazzucchelli, que é um grande fornecedor para a indústria de óculos e opera na Itália desde 1849.

O material de casco de tartaruga manufaturado por prensa de bloco (p. 31) é cortado em tiras, laminado com folhas brancas, recortado e prensado outra vez para formar uma estrutura que lembra uma grade. A transparência do material significa que a aparência muda de acordo com o ângulo de visão e a transmissão de luz (imagens **1** e **2**). Materiais dessa natureza levam cerca de 25 dias para serem produzidos.

Designers podem escolher padrões e efeitos no vasto catálogo da Mazzucchelli. Uma vez escolhido o processo, muitas variações podem ser criadas, como a combinação de vermelho e transparente (imagem **3**). A criação de padrões geométricos no molde requer especialização, porque o mau alinhamento é notado no material final.

Os padrões não geométricos são produzidos pela sobreposição de folhas de forma mais aleatória (imagem **4**). Dessa forma, quase todo efeito de cor pode ser obtido. Também é possível imprimir e laminar as folhas umas sobre as outras. Essa técnica é usada para reproduzir gráficos muito precisos (imagem **5**).

Acetato de celulose 35

Materiais

Borracha natural

Látex e borracha são elastômeros: retornam à forma original depois de distendidos. O látex é extraído de seringueiras e usado para revestimento ou moldagem por imersão de produtos – como luvas, balões e preservativos – ou é processado, tornando-se borracha, um elastômero de alta resistência usado em pneus e calçados.

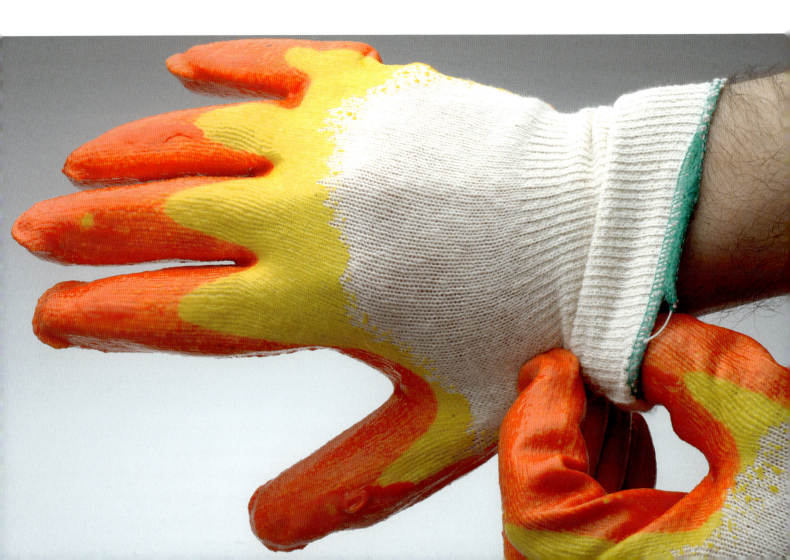

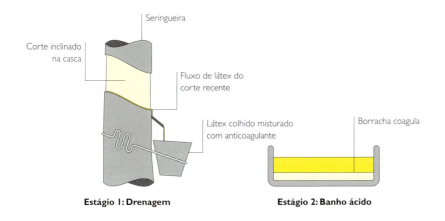

Estágio 1: Drenagem

Estágio 2: Banho ácido

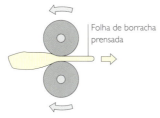

Estágio 3: Prensagem

Informações essenciais

DISPONIBILIDADE	●●●●●○○
DURABILIDADE	●●●●●○○
RECICLABILIDADE	●○○○○○○
BIODEGRADABILIDADE	●○○○○○○

Impactos ambientais por kg

ENERGIA	●●●○○○○
FONTES	●●●○○○○
POLUIÇÃO	●●●○○○○
RESÍDUO	●●●○○○○

Materiais relacionados:
- Látex
- Borracha natural (BN)

Materiais alternativos e concorrentes:
- Bioplástico
- Acetato de celulose (AC)
- Plástico (borracha sintética, silicone, elastômero termoplástico e resina de poliuretano)

O que é látex e produção de borracha?

A extração da seiva da seringueira é um processo altamente especializado. No estágio 1, o extrator faz um corte, inclinado a 30°, de cerca de 2 mm de profundidade na casca em volta de um lado da árvore. Isso fere a casca e provoca a excreção do látex. Se o corte for muito profundo pode danificar a árvore, mas se for muito raso o fluxo de látex será pequeno. O látex é coletado em um recipiente e misturado com uma solução de amônia que impede a coagulação. Depois, o látex é coletado e transportado para ser processado e virar látex concentrado, ou é processado por mais um tempo até produzir a borracha.

Para produzir folhas de borracha no estágio 2, o látex é peneirado para a remoção de contaminações e misturado com ácido fórmico ou acético. Após várias horas, a borracha coagula e forma uma pasta macia. No estágio 3, depois de secar por aproximadamente dezoito horas, a borracha macia é passada por uma série de rolos para a remoção do excesso de umidade e é preparada para a vulcanização.

Notas sobre impactos ambientais

A borracha natural (BN) pode ser comercializada legalmente e é certificada pelo Forest Stewardship Council (FSC). Em geral, ela é usada para uma ampla variedade de produtos como calçados (p. 112), pneus, tubos, cintas industriais e equipamentos esportivos. Muitos desses produtos contribuem de maneira significativa para o acúmulo de lixo e levam centenas de anos para se decompor.

A borracha é um material termofixo – fortes ligações cruzadas se formam entre as cadeias de polímeros durante a vulcanização – portanto, não é possível reciclá-las diretamente. Diferentemente dos termoplásticos (p. 22), que podem ser derretidos e reprocessados usando pouca energia adicional, o látex e a borracha são picados.

O material reciclado, conhecido como "migalha", é usado como preenchimento para pisos que absorvem o impacto (como os de *playgrounds*), isolamento, asfalto e agregado.

Um dos processos é misturar borracha com um termoplástico para fazer um elastômero com uma mistura de propriedades dos dois materiais, que podem ser reprocessados por fusão e moldagem. A possibilidade de desvulcanizar a borracha curada depois da fragmentação também tem sido explorada, mas ainda não foi otimizada e comercializada.

Algumas pessoas são alérgicas às proteínas do látex; nos casos mais extremos a reação pode levar à morte.

Estudo de caso

Extração de látex e vulcanização de folhas de borracha na Malásia

Um novo corte é feito na base da área cortada da casca (imagem **1**). Isso é repetido três ou quatro horas mais tarde. O corte vai produzir látex por muito tempo (imagem **2**). Com esse procedimento, as seringueiras produzem látex por cerca de 25 anos.

A produção é feita na floresta, em meio à plantação, tanto por pequenos produtores como por grandes fábricas monocultoras. O látex é misturado ao ácido para produzir borracha macia e gelatinosa. Depois de secar por várias horas, é hora de pisar na borracha para extrair o excesso de umidade (imagem **3**). A folha formada grosseiramente é então passada por uma série de rolos texturizados (imagens **4** e **5**). Nesse ponto, a borracha deforma com facilidade: a forma pode ser obtida por extrusão ou compressão (p. 110), por exemplo, ou ela pode ser vulcanizada na forma de folha.

A vulcanização acontece em uma casa de defumação (imagem **6**). Depois da exposição ao enxofre por vários dias, formam-se ligações cruzadas na borracha, fazendo dela um elastômero mais estável, durável, resiliente e duradouro. Essa é a "borracha defumada" (imagem **7**). Outros tipos comuns são a graduada e padronizada "borracha vulcanizada", o "crepe claro", que serve para fazer solas de sapatos, e as partículas de borracha prensada "farelo de Hevea" e "borracha diluída", que é de qualidade inferior.

1

2

3

4

5

6

7

Borracha natural 39

Materiais

Aço

Os aços são os metais mais comuns e têm muitas utilizações industriais e domésticas. Sua produção é relativamente eficiente em termos de energia e eles podem ser facilmente reciclados, retendo toda sua força mesmo após a reciclagem. Portanto, podem ser remodelados muitas vezes sem que percam qualidade ou desempenho.

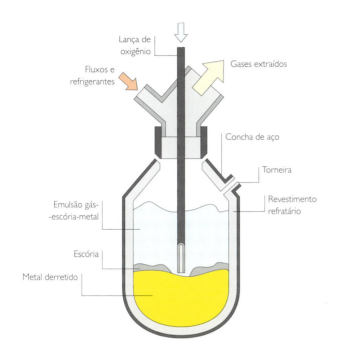

Informações essenciais

DISPONIBILIDADE	●●●○○○○○
DURABILIDADE	●●●●●●○○
RECICLABILIDADE	●●●●●●○○
BIODEGRADABILIDADE	●●○○○○○○

Impactos ambientais por kg

ENERGIA	●●●●○○○○
FONTES	●●●●●○○○
POLUIÇÃO	●●●●●●○○
RESÍDUO	●●●●●●○○

Materiais relacionados:
- Aço carbono
- Aço de baixa liga
- Aço ferramenta
- Ferro
- Aço inox

Materiais alternativos e concorrentes:
- Ligas de alumínio
- Ligas de cobre

O que é siderurgia básica de oxigênio?

A siderurgia básica (Basic Oxigen Steelmaking – BOS), também conhecida como processo básico a oxigênio (BOP), é o principal processo de produção em massa para o refino de ferro-gusa em aço.

O ferro-gusa é produzido pelo aquecimento de minério de ferro amassado, coque e calcário em um alto-forno a 1.600 °C. Ele é misturado com cerca de 20% de sucata de aço no recipiente BOS, e um jato supersônico de oxigênio quase puro é direcionado pela lança de oxigênio sobre a superfície da mistura. Isso faz o carbono, o silicone e as outras impurezas no ferro-gusa oxidarem e gerarem 1.700 °C de calor, que derrete a sucata.

Acrescenta-se a corrente para formar a escória, que absorve as impurezas do metal derretido. Ela é separada e usada, por exemplo, na fabricação de agregado de asfalto e cimento. Cerca de 350 toneladas de aço são produzidas a cada ciclo de 30 minutos. O recipiente é inclinado, e o aço escorre por um buraco.

Notas sobre impactos ambientais

Há muitos tipos de aço, como o carbono (moderado), o inoxidável, o de baixa liga e o ferramenta. Isso faz dele um material versátil e muito usado em produtos de construção e na indústria automotiva, de móveis e de eletrônicos.

A produção de aço é relativamente eficiente em termos de energia e tem havido melhorias contínuas que permitem a economia na produção: o consumo de energia e resíduos reduziu, os subprodutos são reutilizados e o fragmento de metal é reciclado. Mesmo assim, os processos consomem muita energia e carbono, poluem, criam subprodutos prejudiciais e produzem muitos resíduos. A produção de aço responde sozinha por cerca de 3% das emissões de dióxido de carbono, e cerca de 284 mil litros de água são necessários para produzir uma tonelada de aço.

O aço carbono é propenso à oxidação e à corrosão, por isso é normalmente protegido por um revestimento como galvanização, cobertura em pó ou tinta (p. 158). O de baixa liga e o inoxidável contêm elementos ligantes como níquel e cromo.

Sucata de aço A reciclagem é inerente à produção de aço: todas as fábricas de aço modernas usam ingredientes reciclados para reduzir o consumo de energia, as emissões e os recursos. A reciclagem de 1.000 kg de aço economiza cerca de 1.500 kg de minério, 500 kg de carvão e 75% da energia necessária para produzir aço primário. Isso reduz custos e, por isso, a sucata de metal tem valor econômico significativo. O aço é facilmente separado de fluxos de resíduo ("Reciclagem mista", p. 198) porque é magnético.

1

2

3

4

5

Estudo de caso

Produção de aço a partir de minério de ferro

Empresa United States Steel Corporation
www.ussteel.com

O minério de ferro – neste caso a taconita, uma rocha sedimentar que contém ferro – é extraído (imagem **1**), esmagado, pulverizado e processado em grânulos para o alto-forno. O carvão usado para produzir coque é enviado para a siderúrgica (imagem **2**).

O ferro-gusa é produzido em um alto-forno e transferido para a oficina de processo básico a oxigênio, onde a escória é removida da superfície (imagem **3**) antes de o metal derretido ser transferido, usando uma concha, para a fornalha do processo básico a oxigênio. Ali, o ferro é refinado em aço e as ligas são introduzidas para produzir as propriedades mecânicas necessárias.

O aço derretido é continuamente despejado em blocos ou placas e cortado com maçaricos (imagem **4**). É finalizado por laminação a quente ou é ainda mais processado por laminação a frio (imagem **5**). A laminação a frio é usada para produzir tiras mais finas, de até 0,15 mm, que podem então ser revestidas com zinco (proteção contra corrosão), estanho (para embalagem) ou tinta (proteção e decoração).

Materiais

Ligas de alumínio

As ligas de alumínio são leves: possuem a mesma resistência do aço, mas têm aproximadamente metade do peso. Por isso, elas se tornaram essenciais para a eficiência da indústria automobilística e a dos transportes. O processo de extração do alumínio de seu minério é intensivo em termos de energia e mais eficiente para reciclar.

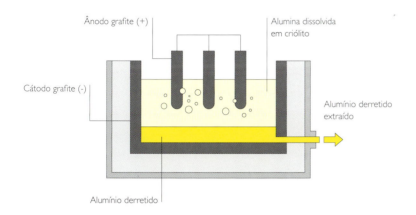

Informações essenciais

DISPONIBILIDADE	●●●●○○○
DURABILIDADE	●●●●●●○
RECICLABILIDADE	●●●●●●○
BIODEGRADABILIDADE	●○○○○○○

Impactos ambientais por kg

ENERGIA	●●●●●●○
FONTES	●●●●●○○
POLUIÇÃO	●●●●●●○
RESÍDUO	●●●●●○○

Materiais alternativos e concorrentes:
- Compostos
- Ligas de magnésio
- Ligas de titânio
- Ligas de cobre
- Aço

O que é refino eletrolítico de alumina?

O minério de bauxita é extraído, purificado e aquecido para formar alumina (óxido de alumínio). A redução eletrolítica de alumina para formar alumínio primário é conhecida como o processo de Hall-Héroult.

A alumina tem ponto de fusão alto (2.045 °C). Ela é misturada com criólito derretido para baixar a temperatura de fusão para menos de 950 °C. Durante a eletrólise, uma corrente elétrica de alta intensidade (mais de 100 mil amperes) é passada pela mistura entre o ânodo (+) e o cátodo (-) de grafite. O oxigênio é atraído pelos ânodos (formando dióxido de carbono) e o alumínio pelo cátodo. O alumínio derretido é pesado e deposita-se no fundo. Ele é extraído por uma torneira.

Esse processo consome tanta energia que a produção de alumínio só é economicamente viável em regiões onde há eletricidade sempre disponível e não muito cara.

Notas sobre impactos ambientais

O minério de bauxita é um material abundante e são necessários apenas 4 kg de alumina para produzir 1 kg de alumínio, mas a produção de alumínio primário é um processo de consumo energético muito alto, mais caro que o do aço. Porém, a reciclagem do alumínio é um processo eficiente em termos energéticos e estima-se que o alumínio usado em uma lata de bebida será usado em outra apenas 60 dias depois de ter sido deixado em um cesto de recicláveis.

O alumínio puro é bem macio e flexível, por isso precisa ser ligado a pequenas quantidades de cobre, manganês, silicone, magnésio e zinco, o que melhora sua rigidez e durabilidade.

O alumínio tem boa resistência ao peso: a mesma resistência pode ser obtida com cerca de metade do peso de alumínio em comparação ao aço. Na presença de oxigênio, a superfície reage formando uma camada de proteção, não necessitando muita manutenção. A camada de proteção é melhorada e pode ser colorida por meio do processo de anodização.

Alumínio reciclado A Cadeira Empilhável Emeco Hudson Heritage de Philippe Starck usa 80% de alumínio reciclado. A reciclagem requer apenas 5% da energia, é realizada em temperaturas mais baixas – o ponto de fusão do alumínio é 660 °C – e produz só 5% do dióxido de carbono da produção primária de alumínio.

1

2

Estudo de caso

Extração do alumínio primário de bauxita

Empresa Hydro www.hydro.com

O minério de bauxita é extraído e descarregado (imagem **1**). Ele é dissolvido em soda cáustica, produzindo hidróxido de alumínio e separando os elementos indesejados. O hidróxido de alumínio é aquecido (calcinação), originando um pó branco de alumina.

O alumínio primário é produzido em fundições (imagem **2**). As células eletrolíticas (também conhecidas como panelas) são cheias com a alumina e o criólito e aquecidas a 950 °C (imagem **3**).

O alumínio primário é removido e combinado com outros elementos (manganês, zinco, cobre e assim por diante), criando ligas com propriedades corretas para a utilização final. Ele é moldado em barras, como lingotes de extrusão (imagem **4**), produtos cilíndricos ou tiras.

3

4

Ligas de alumínio 47

Materiais

Ligas de cobre

O cobre desenvolve uma pátina protetora e decorativa em sua superfície quando é exposto à atmosfera. Ele é rosa avermelhado quando produzido, passando ao marrom- -escuro e ao verde. Com exposição prolongada, o filme se torna muito durável e protetor. Isso significa que o cobre não necessita de manutenção e tem longa duração.

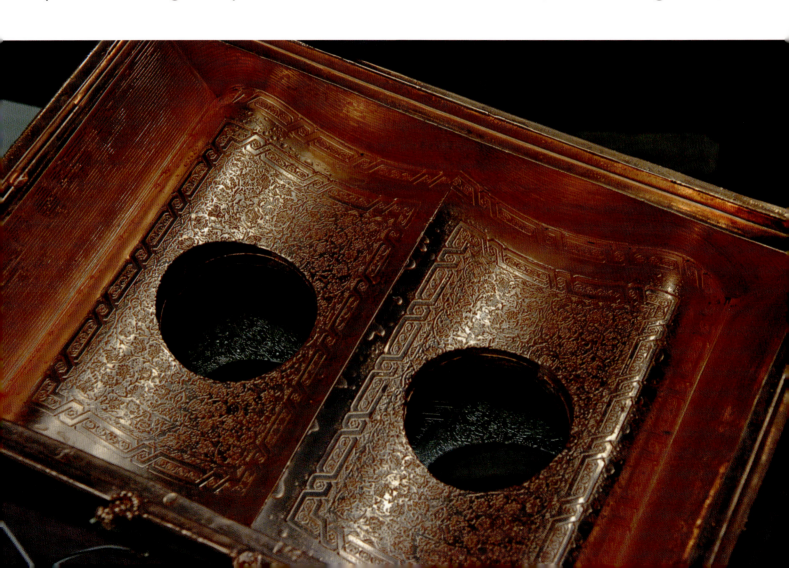

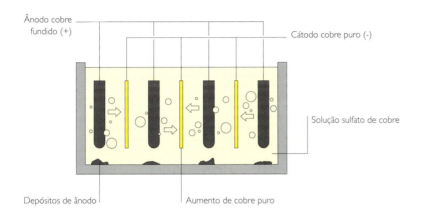

Informações essenciais

DISPONIBILIDADE	●●○○○○○
DURABILIDADE	●●●●●●○
RECICLABILIDADE	●●●●●●○
BIODEGRADABILIDADE	●○○○○○○

Impactos ambientais por kg

ENERGIA	●●●●●○○
FONTES	●●●●●●○
POLUIÇÃO	●●●●●○○
RESÍDUO	●●●●●●○

Materiais relacionados:
- Latão
- Bronze
- Cobre

Materiais alternativos e concorrentes:
- Ligas de alumínio
- Aço

O que é eletroextração de cobre?

A eletroextração, ou eletroganho, é um processo eletrolítico usado para extrair metais não ferrosos – como cobre, ouro, prata, magnésio, chumbo e zinco – de minérios em solução. No caso da produção de alumínio, ela é conhecida como processo Hall-Héroult (p. 45) e, no caso do titânio, faz parte do processo Kroll.

O cobre é obtido de seu minério e despejado em barras. Nesse estágio, ele apresenta muitas impurezas, inclusive prata, ouro e platina. As barras são levadas para o tanque de eletroextração e carregadas positivamente (ânodos).

Uma folha de cobre puro é intercalada entre os ânodos e aterrada (cátodos). Durante a eletrólise, o cobre dissolve-se dos ânodos para formar a solução de sulfato de cobre e acumula-se como um revestimento de cobre puro no cátodo. As impurezas acumulam-se como depósitos e são removidas e processadas.

Notas sobre impactos ambientais

A mineração tem um impacto significativo sobre o ambiente, e as empresas têm de seguir diretrizes rigorosas para ajudar a minimizar a poluição do ar, da água e do solo e a perda de biodiversidade. Resíduos substanciais são inevitáveis porque o minério é só uma pequena fração do volume total de material minerado. Por exemplo, é preciso aproximadamente uma tonelada de minério para extrair mais ou menos um quilo de cobre.

O uso de sucata de metal na manufatura diminui significativamente o consumo de energia, e metais podem ser reprocessados sem perda de qualidade ou propriedades. Por esse motivo, muitos produtos e peças feitos de ligas de cobre são reciclados.

O latão é uma liga de cobre com 5% a 45% de zinco. Uma pátina marrom esverdeada desenvolve-se em sua superfície e torna-se marrom-escura com o tempo. Há muitos tipos diferentes de latão, que são categorizados pela quantidade de zinco. Níveis mais elevados de zinco produzem latão mais duro e mais quebradiço. O bronze é uma liga de cobre e de até 40% de estanho. A pátina desenvolve-se nele muito mais lentamente e tem cor amarronzada.

Sucata de cobre para reciclagem Aproximadamente um terço da produção de cobre do Aurubis Group origina-se de sucata de cobre. Esse é um metal largamente usado e o mais comum depois do ferro ("Aço", p. 40) e do alumínio (p. 44). A reciclagem é uma parte fundamental da produção primária de cobre e ajuda a reduzir a energia necessária e a produção de resíduo. Isso é essencial, porque a concentração de cobre é muito baixa no minério extraído.

Estudo de caso

Produção primária de cobre

Empresa Aurubis Group www.aurubis.com

O material bruto de minério de cobre é extraído a céu aberto e em mina profunda (imagem **1**). Deriva de minérios de sulfureto ou de óxido, e a concentração típica fica abaixo de 1%. Por uma série de processos de trituração, flutuação, fundição e torrefação, as impurezas são gradualmente removidas, e a concentração é elevada para 99%. Esse material é despejado em ânodos em um carrossel de moldes (imagem **2**).

Os ânodos são colocados nos tanques de eletroextração, nos quais cátodos de cobre são revestidos com cobre puro e retirados do tanque (imagem **3**). Os lingotes terminados estão prontos para serem manufaturados em novos produtos (imagem **4**).

Ligas de cobre 51

Materiais

Vidro

Há vários tipos de vidro, entre eles cal sodada, chumbo, borossilicato, aluminossilicato e cerâmica de vidro. Cada grupo tem suas propriedades distintivas, que variam de acordo com o fabricante. Em muitos casos, os ingredientes são misturados, fundidos e depois formatados em produtos finais em um processo contínuo.

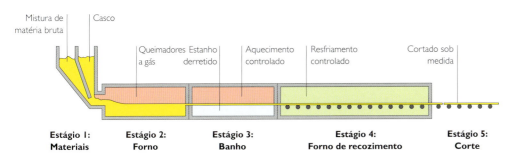

Informações essenciais

DISPONIBILIDADE	●●●●●●○
DURABILIDADE	●●●●●●○
RECICLABILIDADE	●●●●●●○
BIODEGRADABILIDADE	○○○○○○○

Impactos ambientais por kg

ENERGIA	●●●○○○○
FONTES	●●●○○○○
POLUIÇÃO	●●●○○○○
RESÍDUO	●●○○○○○

Materiais relacionados:
- Vidro aluminossilicato
- Vidro borossilicato
- Vidro chumbo
- Vidro de cal sodada

Materiais alternativos e concorrentes:
- Cerâmicas
- Plásticos

O que é o processo de flutuação do vidro?

O vidro float é um vidro de cal sodada com ingredientes ligeiramente modificados para torná-lo adequado à produção em massa. O processo foi desenvolvido por Alastair Pilkington em 1959. Desde então, tornou-se o método-padrão para a produção em massa de vidro float e é atualmente bastante usado na construção e na indústria automotiva.

É produzido em um processo de cinco estágios. No estágio 1, areia sílica, cal, dolomita e soda são misturadas com casco (vidro reciclado). No estágio 2 a mistura é aquecida pela queima de uma combinação de gás natural e ar pré-aquecido a 1.600 °C. No estágio 3, o vidro quente derretido deixa o forno a cerca de 1.000 °C e é levado para flutuar em um banho de zinco fundido em uma atmosfera controlada de hidrogênio e nitrogênio que impede o zinco de oxidar. No estágio 4, o vidro é recozido e resfriado. No estágio 5, a folha contínua é cortada.

Notas sobre impactos ambientais

A produção é contínua: a temperatura é mantida todos os dias, o ano todo. A manufaturação direta de materiais brutos mistos elimina as ineficiências associadas à produção amplamente distribuída, como plásticos (p. 20) e metais ("Aço", p. 40; "Ligas de alumínio", p. 44; e "Ligas de cobre", p. 48). Isso significa que o vidro pode ter menor impacto ambiental que o plástico.

Modificações, como revestimentos, são aplicadas durante a produção para melhorias funcionais específicas. Entre os exemplos estão o autolimpante Pilkington Activ™, produzido pelo revestimento muito fino de óxido de titânio; o Pilkington K Glass™ de baixa emissividade, que reflete o calor em prédios e reduz a perda de aquecimento; e o Pilkington Optifloat™ (abaixo), que tem maior nível de transparência.

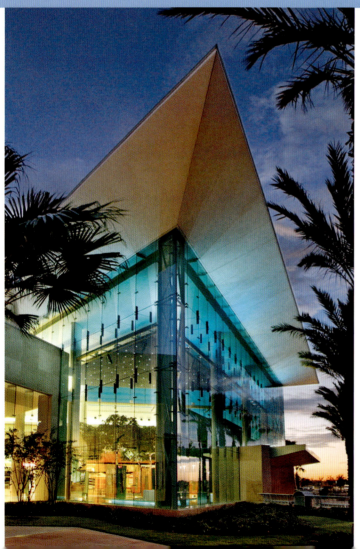

Produção em massa de vidro soprado (acima) Produtos soprados e prensados são manufaturados com vidro tirado diretamente do forno (esses processos estão em *Product and Furniture Design*). Como no processo do vidro float, o forno tem uso constante até precisar de reparos ou reforma.

Mall at Millenia (à esquerda) Projetado pela JPRA Architects, o Mall at Millenia, na Flórida (Estados Unidos), utiliza Pilkington Optifloat™. É ideal para fachadas e móveis em razão de um índice de transparência mais elevado que nos vidros "transparentes".

Estudo de caso

Manufatura de vidro de cal sodada

Empresa Pilkington Group Limited
www.pilkington.com

A cal sodada é o material mais popular para fabricar vidro. Tem ampla variedade de utilizações: vidro plano, usado em janelas e fachadas; vidro soprado, usado em embalagens e esculturas; e vidro prensado, usado em utensílios de mesa. Os vidros de cal sodada, borossilicato e aluminossilicato podem ser produzidos pelo mesmo processo do vidro float.

Os ingredientes são misturados e levados ao forno (imagem **1**), onde as matérias--primas podem ficar de dois a três dias (imagem **2**). Uma vez derretido, o vidro é banhado em zinco fundido (imagem **3**), sustentado por rolos. A velocidade dos rolos determina a espessura do vidro, produzindo até 5.500 toneladas por semana. O vidro é manufaturado como uma folha contínua (imagem **4**), que é cortada sob medida de acordo com as especificações do cliente.

1

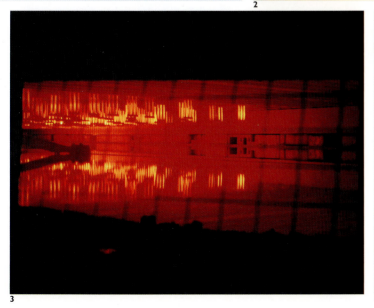
2

3   4

Vidro 55

Materiais

Madeira

A madeira tem baixo impacto no ambiente. De fato, a energia usada em sua produção pode ser menor que a armazenada na madeira por fotossíntese durante seu tempo de vida. Abetos, pinheiros e bétulas são alguns dos tipos mais usados e vêm de fontes renováveis.

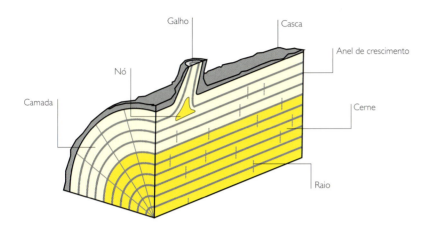

Informações essenciais

DISPONIBILIDADE	●●●●●●○○
DURABILIDADE	●●●●●●○○
RECICLABILIDADE	●●●●●●○○
BIODEGRADABILIDADE	●●●●●●●○

Impactos ambientais por kg

ENERGIA	●○○○○○○○
FONTES	●○○○○○○○
POLUIÇÃO	●○○○○○○○
RESÍDUO	○○○○○○○○

Materiais alternativos e concorrentes:
- Concreto
- Madeira projetada
- Metal
- Plástico

O que é a anatomia da madeira?

A resistência e a aparência da madeira (serrada) são determinadas por muitos fatores importantes: espécie de árvore, possíveis defeitos, método de secagem e como ela foi cortada na serraria (p. 61).

O grão de madeira é produzido por anéis de crescimento e raios, que são compostos de estruturas celulares que transportam água e nutrientes pela árvore. Anéis de crescimento anual desenvolvem-se de acordo com a mudança sazonal e podem ajudar a determinar a idade de uma árvore. No início do período de crescimento, a árvore cresce depressa, e a madeira é, tipicamente, de cor mais clara, porque as células são maiores. Anéis mais escuros indicam a maior lentidão do fim do período de crescimento. Os anéis são cortados por raios, que são estruturas que radiam do centro da árvore transportando lateralmente alimento e resíduos. A combinação de anéis e raios produz padrões e manchas de cor na superfície da madeira.

Quando uma árvore amadurece, o centro escurece; esse é o cerne da madeira. A madeira mais clara perto da casca é o alburno. A profundidade do alburno e o contraste de cor dependem da espécie da árvore.

Madeira 57

Notas sobre impactos ambientais

A madeira é um material benéfico ao ambiente. Não é poluente, é biodegradável e pode ser reciclada ou usada como biocombustível no fim de sua vida útil. Em muitos casos, a energia usada para colher, transformar e transportar madeira é menor que a energia armazenada por fotossíntese. A cada m³ que a árvore cresce é absorvida cerca de 0,9 tonelada de dióxido de carbono, então, a substituição de materiais como concreto ou aço por madeira pode reduzir significativamente as emissões de dióxido de carbono. Entidades de certificação, como PEFC e FSC (p. 11), verificam o fluxo de madeira da floresta à fábrica para o uso final, garantindo que o material é proveniente de fontes sustentáveis. Só cerca de 10% das florestas são cobertas por certificação florestal no globo – embora cerca de metade das florestas da Europa e 40% da América do Norte sejam certificadas. O uso de madeira oriunda de fontes certificadas ou acompanhada de sistemas de rastreamento de origem ajuda a evitar a utilização de madeira retirada de fontes controversas (como de países onde acontece desflorestamento). As florestas são recursos valiosos e são bem-cuidadas em muitos países. Por exemplo, na Finlândia, a indústria da madeira usa cerca de 50 milhões de m³ de madeira, que é menos da metade do crescimento anual das florestas finlandesas. Cerca de 100 milhões de m³ de madeira são replantadas, então, atualmente as florestas da Finlândia estão aumentando.

Cerne   O pinheiro-do-norte cresce lentamente em climas adequados para produzir matéria-prima consistente, de grãos próximos. A madeira é de textura macia, mas resistente e de grão reto. Tem uma grande proporção de cerne. Essa é a parte mais resistente da madeira: tem excelente resistência ao peso, à água e ao apodrecimento.

Cada árvore tem padrões de crescimento únicos. Por isso, a Finnforest emprega sofisticados sistemas de raios X e varredura para garantir o uso de cada parte da árvore da maneira mais eficiente possível (pp. 60-61).

1

2

3

4

Estudo de caso

Floresta sustentável na Finlândia

Empresa Finnforest www.finnforest.com

Leva aproximadamente três anos para um grupo de árvores jovens se estabelecer, e elas terão pelo menos 60 anos antes de serem cortadas. Durante esse tempo as árvores serão podadas pelo menos duas vezes (imagem **1**). As partes removidas são usadas como biocombustível ou polpa ("Polpa, papel e papelão", p. 70) ou são deixadas para se decompor no solo.

As árvores são cortadas e a localização do cortador pode ser verificada por GPS (imagem **2**). O sistema de rastreamento garante que cada peça de madeira seja rastreada desde sua origem. São tomados cuidados para preservar partes mortas e árvores de retenção para a biodiversidade durante a colheita e para a proteção da fauna local. Regras determinam que partes da floresta devem permanecer intocadas para salvaguardar a natureza – como as áreas ao longo de rios, margens e qualquer parte onde tenham sido descobertas espécies raras de fauna ou flora.

A madeira é separada ao ser cortada, recolhida por um agente de transporte (imagem **3**) e transportada para a serraria por água ou estrada (imagem **4**). Cerca de 70% são utilizados como madeira serrada (p. 60) e madeira projetada (p. 62), e os 30% restantes para papel e papelão (p. 70). Algumas partes da árvore podem ser utilizadas para a produção de energia local renovável. Qualquer parte que não seja utilizada é deixada para apodrecer no solo.

O que é madeira serrada?

As árvores são cortadas tangencial ou radialmente, produzindo a madeira serrada. A serra tangencial, conhecida como serra simples, é o método mais eficiente e econômico de cortar um tronco (ver estudo de caso). O corte radial produz um acabamento de superfície mais resistente ao desgaste, com um padrão de grão mais uniforme.

A direção do grão afeta a resistência, as propriedades funcionais e a durabilidade da madeira. A superfície de uma tábua é, tipicamente, grão plano: em outras palavras, a tábua é cortada no sentido do comprimento da árvore.

O design das sambladuras (p. 142) evoluíram para maximizar o contato do grão plano em uma junção final. Por exemplo, a junção finger usada para unir comprimentos de madeira serrada é projetada para maximizar o contato do grão plano e, assim, melhorar a força da junta.

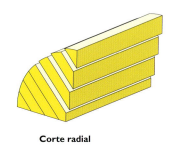 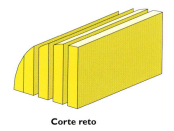

Corte radial　　　　　　**Corte reto**

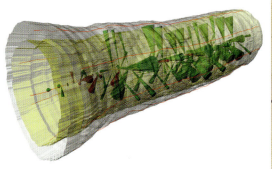  

Análise 3D detalhada Para garantir a madeira de melhor qualidade para usos específicos, como janelas externas, cada tronco é escaneado e radiografado em 3D. Isso mostra a distância entre os nós (espirais) e se estão mortos (podres) ou vivos (sólidos), a proporção de cerne e a amplitude do anel de crescimento. Essas informações são usadas para determinar como o tronco será cortado (página ao lado).

Molduras de janela Molduras de janelas de alta qualidade são produzidas de comprimentos de cerne cujos nós tenham sido removidos – eles podem ter defeitos em potencial. As partes curtas são junções finger em comprimentos contínuos de madeira serrada de alta resistência e durabilidade (ver imagem, p. 56).

Estudo de caso

Serrando pinheiro-da-escócia

Empresa Finnforest www.finnforest.com

Os pinheiros colhidos são transportados para a serraria (imagem **1**). São descascados (imagem **2**), escaneados e radiografados em 3D. Isso ajuda a decidir a melhor maneira de cortar cada tronco, o que é determinado por computador (imagem **3**), enquanto eles passam a uma velocidade de 50-100 m por minuto. As toras são cortadas ao longo de todo seu comprimento com uma serra de fita (imagem **4**). As tábuas são classificadas e agrupadas de acordo com a qualidade.

A redução da umidade da madeira (até certo ponto) é importante por várias razões. Madeira mais seca é mais forte, mais rígida, mais leve e menos propensa ao apodrecimento que a madeira "verde". Tradicionalmente, a madeira era preparada por um processo conhecido como secagem ao ar livre em uma proporção de um ano por 25,4 mm, gerando um conteúdo final de umidade de 18% a 20%. Hoje em dia, técnicas modernas de secagem em estufa reduzem o conteúdo de umidade de 25,4 mm de madeira serrada grossa para menos de 20% em 10 dias (imagem **5**).

Materiais

Madeira projetada

A madeira projetada, ou serrada, é um composto de madeira e adesivo. Inclui compensado, laminado envernizado (LVL), laminado colado, painéis de partículas orientadas (OSB) e vigas I. Esses materiais são fortes, dimensionalmente estáveis e muito eficientes para utilização em estruturas e engenharia.

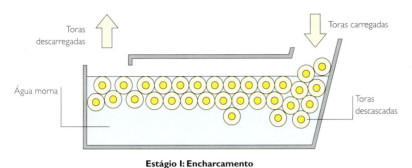

Estágio 1: Encharcamento

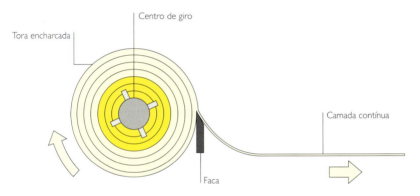

Estágio 2: Descamação rotatória

Informações essenciais

DISPONIBILIDADE	●●●●●○○
DURABILIDADE	●●●●●●○
RECICLABILIDADE	●●●●○○○
BIODEGRADABILIDADE	●●●●●○○

Impactos ambientais por kg

ENERGIA	●●○○○○○
FONTES	●●●○○○○
POLUIÇÃO	●●○○○○○
RESÍDUO	○○○○○○○

Materiais relacionados:
- Laminado colado
- Vigas I
- Laminado envernizado (LVL)
- Painéis de partículas orientadas (OSB) e painéis laminados (LSL)
- Painéis de partículas paralelas (PSL) • Compensado

Materiais alternativos e concorrentes:
- Madeira serrada
- Aço e alvenaria

O que é descamação rotatória de folhas?

No estágio 1, as árvores são descascadas e mergulhadas em água morna (50 °C) por 20 horas. Isso torna a madeira mais elástica e a prepara para o processo de corte.

No estágio 2, a madeira é levada para centros rotatórios e de sua circunferência é cortada, de forma contínua, uma camada de 1 mm a 5 mm com uma faca que percorre todo o seu comprimento. A espessura requerida depende da utilização final da madeira.

A camada é seca a 200 °C no preparo para a laminação.

Madeira projetada 63

Notas sobre impactos ambientais

Como a madeira serrada (p. 60), a madeira projetada deve vir de florestas certificadas e sustentáveis (p. 58). Ela tem cerca de duas vezes a resistência da madeira serrada: é mais consistente, robusta e confiável. Por isso, é usada para cobrir áreas maiores em construção. A Timber Research and Development Association (Trada) e a Lloyds Timber Frame Ltd. estimam que uma casa de dois andares com estrutura de madeira serrada, que também utilize madeira nos pisos e nas janelas, emite oito toneladas de dióxido de carbono a menos em comparação a uma casa equivalente de alvenaria.

As camadas são laminadas com adesivo de fenol-formaldeído (FF). O formaldeído, uma substância química industrial, é amplamente usado em colas, tintas e têxteis. Os produtos que o utilizam devem acatar os limites internacionais de emissão para reduzir o impacto negativo na qualidade do ar em ambientes fechados. Os produtos colados com ureia-formaldeído (UF) têm valores ligeiramente mais altos, mas ainda atendem aos requisitos dos mais exigentes padrões europeus com relação à emissão e ao conteúdo de formaldeído.

Resíduo Há muito pouco resíduo – se é que existe – resultante do processamento de madeira serrada. Os subprodutos, como o pó de serragem e as lascas, são usados como matéria-prima ou biocombustível. Por exemplo, lascas de madeira de abeto são transformadas em polpa para a produção de papel e papelão (p. 70).

Estudo de caso

Descamação rotatória e classificação de camadas de abeto

Empresa Finnforest www.finnforest.com

O abeto produz madeira consistente e resistente, com anéis densos e grãos retos. Essas características fazem dessa madeira um material ideal para compensado, LVL e laminado colado. A bétula é durável e resistente. Tem densidade mais elevada que o abeto – de 750 kg/m³, comparada a 500 kg/m³ – e é usada para fazer compensado (p. 68). Nos dois casos, as camadas são retiradas por processo rotatório.

As toras descascadas são removidas da água morna depois de 20 horas de imersão (imagem **1**). A camada é cortada continuamente a partir da tora (imagem **2**). Para a produção de LVL Finnforest Kerto®, a camada de abeto é cortada com espessura de 3 mm (imagem **3**). As camadas do compensado de bétula (p. 68) têm 1,4 mm.

Para garantir o laminado de maior qualidade, cada folha é escaneada e tem a densidade medida (imagem **4**). Partes com muitos nós e outros defeitos são separadas; as partes indesejadas da camada são removidas, e as funcionais são costuradas, formando camadas utilizáveis.

Madeira projetada **65**

O que é madeira laminada?

A madeira laminada (LVL) é produzida como uma faixa contínua. No estágio 1, as camadas que foram revestidas com adesivo de FF são empilhadas, e as articulações entre elas são escalonadas. Isso garante que o material final seja resistente, independentemente de onde for cortado. A camada aparente é selecionada durante a descamação rotatória (p. 63) para garantir a melhor qualidade de acabamento.

No estágio 2, as camadas são pressionadas umas contra as outras e aquecidas a 140 °C. Isso faz o FF curar e endurecer, formando uma cola muito forte entre as camadas. No estágio 3, o bloco é cortado em tábuas de 25 m de comprimento e 2,5 m de largura. A madeira serrada é encontrada em tábuas de 6 m × 300 mm.

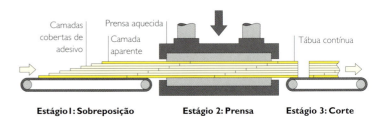

Metropol Parasol, Sevilha Projetado por Jürgen Myer H. e construído por Arup, o Metropol Parasol é feito de Finnforest Kerto® tratado por pressão para garantir proteção em ambiente aberto (ver imagem, p. 62). A construção foi concluída em março de 2011.

Kerto® Ripa Os pisos são manufaturados fora do local para manter os mais altos padrões e reduzir a mão de obra local. As "caixas" são estruturais (sustentam a si mesmas), e o isolamento já existe in situ.

Estudo de caso

Produção de madeira laminada Kerto®

Empresa Finnforest www.finnforest.com

As peças de camada de abeto removidas por processo rotatório (p. 65) são revestidas com adesivo de FF (imagem **1**). Elas são sobrepostas, e as articulações são escalonadas (imagem **2**). Na versão Kerto® S o grão fica na mesma direção em todas as camadas (imagem **3**), diferentemente do compensado (p. 68). No Kerto® Q da Finnforest, porém, em uma de cada cinco camadas o grão fica direcionado no sentido da largura, garantindo maior estabilidade para painéis mais largos. O terceiro tipo de LVL que a Finnforest produz é o Kerto® T, que é como o S, mas com camadas menos densas. O material é empregado em construções que não precisam suportar cargas.

Dependendo do número de camadas, a espessura varia de 27 mm a 90 mm. As tábuas de camadas laminadas são embaladas para entrega (imagem **4**).

O que é compensado?

O compensado normalmente é produzido com camadas de bétula ou abeto, ou uma mistura dos dois, unidas com adesivo de FF. As camadas são sobrepostas de maneira cruzada (direção do grão alternada em cada camada). Isso produz tábuas leves, resistentes, rígidas e estáveis.

No estágio 1, as camadas, que foram cobertas com adesivo de FF líquido, são pressionadas umas contra as outras, formando pilhas. As camadas aparentes separam cada peça. No estágio 2, as camadas são pressionadas umas contra as outras e aquecidas a 140 °C. Isso faz o FF curar e endurecer, formando uma cola muito forte e à prova d'água entre as camadas.

A espessura-padrão do painel varia de 4 mm a 50 mm.

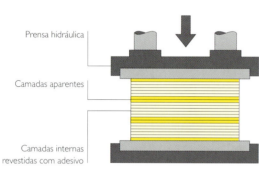

Estágio 1: Pré-prensa

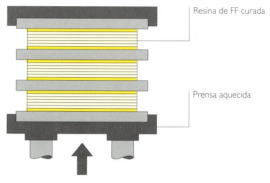

Estágio 2: Prensa quente

Estudo de caso

Compensado de bétula

Empresa Finnforest www.finnforest.com

As camadas de bétula são descamadas em processo rotatório (p. 65), classificadas e empilhadas (imagem **1**). Cada pilha será usada para camadas aparentes ou internas, dependendo da qualidade. Elas são sobrepostas e um fino estrato de adesivo é aplicado entre elas (imagem **2**). As camadas são pré-prensadas em grupos, que são mantidos separados pelas camadas aparentes (imagem **3**). Cada bloco é então separado e prensado a quente, curando totalmente o FF.

Os painéis são cortados e lixados dos dois lados (imagem **4**), produzindo um acabamento liso de alta qualidade.

Para melhorar a durabilidade do compensado, um filme protetor – FF, melanina, termoplástico ou composto – é prensado a quente sobre a superfície (imagens **5** e **6**). O compensado revestido é usado para fins mais exigentes, como construção, madeiramento à prova d'água ou revestimento para caminhões que não precise de manutenção. Na construção, a proteção extra significa que a folha pode ser reutilizada muitas vezes.

1

2

3

4

5

6

Madeira projetada 69

Materiais

Polpa, papel e papelão

As fibras de madeira recém-extraídas são usadas na produção de papel e papelão. Em comparação à polpa reciclada, a polpa virgem é mais leve, mais firme e de composição conhecida. Essas características tornam-na preferível para utilizações que exijam alto desempenho e composição limpa.

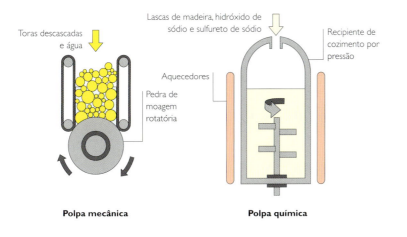

Polpa mecânica

Polpa química

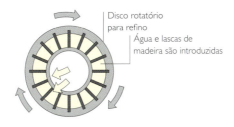

Disco de refino CTMP

Informações essenciais

DISPONIBILIDADE	●●●●●●○
DURABILIDADE	●●●●●●○
RECICLABILIDADE	●●●●●●●
BIODEGRADABILIDADE	●●●●●●●

Impactos ambientais por kg

ENERGIA	●●●○○○○
FONTES	●●●●○○○
POLUIÇÃO	●●●●○○○
RESÍDUO	●●●○○○○

Materiais relacionados:
- Polpa de papelão
- Polpa
- Papel
- Lenço de papel

Materiais alternativos e concorrentes:
- Plástico

O que é polpação?

Muitos tipos de madeira são usados para a polpa, por exemplo, o abeto, a bétula e o pinheiro. O abeto e o pinheiro produzem fibras longas, enquanto a bétula tem excelentes propriedades óticas. As fibras da madeira são extraídas por meios mecânicos, processamento químico ou polpação quimiotermomecânica (ou CTMP, na sigla em inglês).

A moagem mecânica transforma cerca de 95% da matéria-prima em polpa. As fibras são extraídas pela prensagem das toras contra uma pedra rotatória de superfície áspera. Isso produz fibras rígidas, curtas e aeradas menos densas que as produzidas por polpação química ou CTMP.

No processo de CTMP, as fibras são extraídas pela dissolução da lignina por meio de produtos químicos e calor. Isso reduz a polpa para cerca de 50% da madeira em estado bruto. As fibras de polpa química são flexíveis e produzem uma cadeia com grande número de ligações fortes. São usadas, por isso, em papéis de alta qualidade e nas superfícies externas de papelão para embalagem.

A CTMP é feita de lascas de madeira que foram amaciadas em um processo químico e térmico e moídas em discos refinadores. As fibras são mais flexíveis e duráveis que as da polpa de madeira moída e têm densidade mais alta.

Notas sobre impactos ambientais

O papelão leve e de boa qualidade para embalagem consome menos recursos, reduz os volumes transportados e produz menos resíduos. Além disso, o uso de papelão com rigidez ao dobramento e resistência à compressão elevadas mantém a qualidade da embalagem no transporte até o consumidor.

A polpa de madeira deve vir de florestas sustentáveis ("Madeira", p. 56), minimizando o impacto ambiental. O resíduo da produção de papel e papelão é praticamente inexistente. Todos os materiais são convertidos em outras matérias-primas ou usados como biocombustível. No fim da vida útil, os produtos de polpa podem ser reciclados (p. 212).

A produção de papel consome grandes quantidades de água e alvejante; tinta e outros produtos químicos também são usados. A Metsä Board Corporation reduz o impacto no ambiente produzindo 40% de sua energia com biocombustível (copas, galhos e tocos de árvore) e usando madeira extraída localmente.

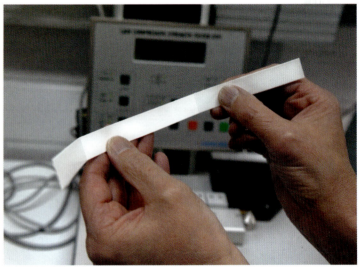

Controle de qualidade   Quando a polpa é processada em papel ou papelão, a folha final é testada diversas vezes. Propriedades como cor, peso, umidade e sabor são verificados, e são feitos ajustes finos na polpa e no processo de produção para garantir que o produto seja da mais alta qualidade.

1

Estudo de caso

Polpação de madeira para embalagem de papelão

Empresa Metsä Board Corporation
www.metsaboard.com

A madeira mais adequada para a polpação mecânica é o abeto. A polpa é usada na embalagem de papelão da Metsä Board Corporation (p. 74). As partes superiores das árvores e os galhos (imagem **1**) que não são adequados à produção de madeira serrada (p. 60) ou madeira projetada (p. 62) são convertidos em polpa.

As toras são cortadas no sentido do comprimento e descascadas por imersão em água (imagem **2**). O resíduo é convertido em biocombustível para a fábrica de papel. As toras passam por um moedor e a polpa é lavada e alvejada para aumentar seu brilho (imagem **3**).

2

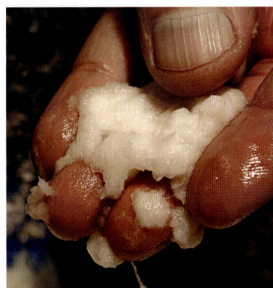
3

O que é produção de papel?

No estágio 1, o caldo de polpa diluída (mais de 99% de água) é levado a uma malha metálica que se move em alta velocidade. Este é o estágio de formação: enquanto a água é sugada da rede de fibra, escoando pela malha, as fibras permanecem na superfície e se entrelaçam. No estágio 2, a teia de fibra é transferida para a sessão de prensagem. A água é espremida e absorvida pelos feltros da prensa entre os cilindros. A alta pressão aumenta a ligação das fibras e garante um material uniforme e de alta resistência. Na prensa quente, estágio 3, o conteúdo de água é reduzido de 50% para 7,5% por meio de cilindros aquecidos. No estágio 4, a folha é pressionada entre rolos de calandragem polidos, produzindo um acabamento liso e brilhante.

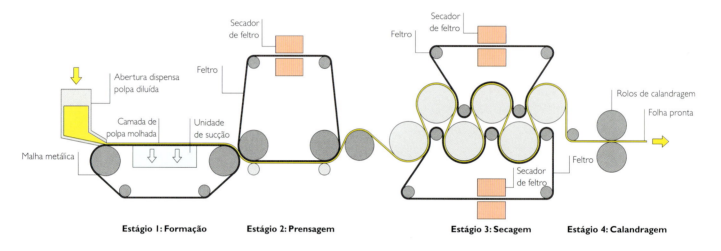

Estágio 1: Formação   Estágio 2: Prensagem   Estágio 3: Secagem   Estágio 4: Calandragem

Estudo de caso

Produção de embalagem de papelão

Empresa Metsä Board Corporation
www.metsaboard.com

A polpa de madeira é preparada (p. 73) e repolpada com água na fábrica de papel (imagem **1**). As fibras são refinadas e tratadas, garantindo a formação de uma malha lisa e de boa ligação entre elas. A rede segue para o estágio de formação, sendo prensada e secada pela série de peneiras, feltros e rolos (imagem **2**).

A produção do papelão é finalizada com um revestimento que garante superfície de alta qualidade para impressão. Os ingredientes são pigmentos, adesivos, aditivos e água. Pigmentos de argila têm uma forma plana, que proporciona superfície mais lisa, enquanto partículas de carbonato de cálcio são redondas e conferem mais brilho. O revestimento dá ao papelão sua aparência final, e características como lisura, brilho e absorção.

O papelão pronto é enrolado em rolos gigantes (imagem **3**). Depois são desenrolados e enrolados novamente com base no pedido do cliente, no tamanho do rolo ou na quantidade de folhas (imagem **4**).

1

2

3

4

Polpa, papel e papelão 75

Materiais

Couro

O couro é usado como um material de valor elevado na moda, na indústria de móveis e na de automóveis. O curtimento é o processo de curar couro cru – extraído usualmente de vacas ou porcos e subproduto da produção de carne – em couro durável. Ele é tingido, gravado e produzido com várias formas de acabamento.

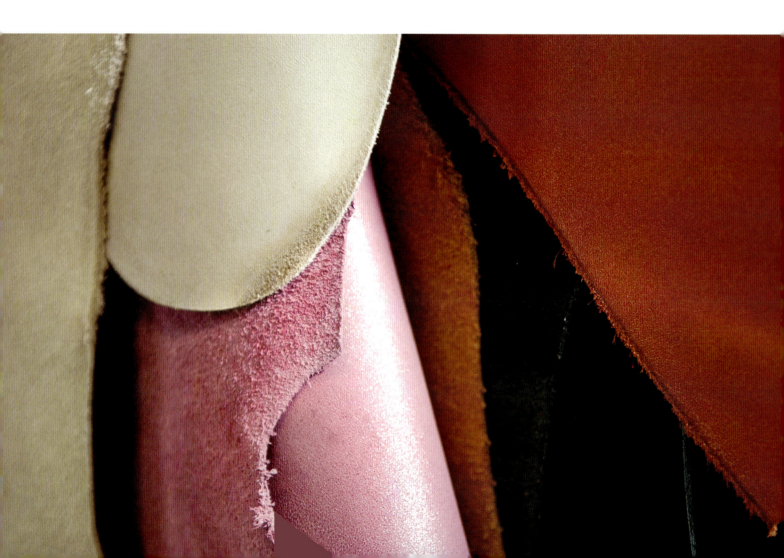

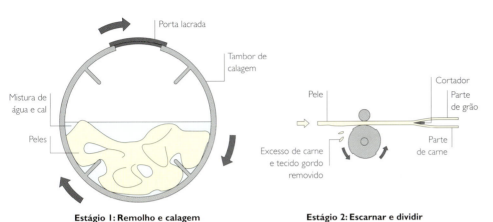

Estágio 1: Remolho e calagem

Estágio 2: Escarnar e dividir

Informações essenciais

DISPONIBILIDADE	●●●●●○○○
DURABILIDADE	●●●●●○○○
RECICLABILIDADE	●●●●●○○○
BIODEGRADABILIDADE	●●●○○○○○

Impactos ambientais por kg

ENERGIA	●●●●●○○○
FONTES	●●○○○○○○
POLUIÇÃO	●●●●●○○○
RESÍDUO	●●○○○○○○

Materiais relacionados:
- Couro curtido com cromo
- Couro com curtimento vegetal

O que é remolho e calagem?

Curar pele de animal por curtimento produz couro. O primeiro estágio no processo é o de remolho e calagem.

No estágio 1, a pele é levada ao tambor de calagem e imersa em água. A calagem acontece no mesmo tambor com a adição de cal e sulfeto de sódio. Isso eleva o valor do pH para remover pelos. Nesse estágio, as substâncias que não podem ser transformadas em couro, como óleos naturais e proteínas, são removidas. Depois de 24 a 36 horas, a pele encharcada, calada e despelada é removida do tambor.

No estágio 2, a pele é dividida com um cortador em grão e carne. O grão será transformado em grão superior ou grão cheio (que é de qualidade superior e usado em jaquetas, sapatos, bolsas e estofados, por exemplo) e a carne é normalmente processada em camurça (usada em bolsas e estofados). Peles de qualidade inferior, que são divididas e lixadas para ter um acabamento mais liso na superfície, são conhecidas como grão corrigido. Normalmente apresentam cores intensas ou são gravadas, e são as mais baratas.

Couro 77

Notas sobre impacto ambiental

Peles de vaca e porco são as mais usadas para a fabricação de produtos de couro. As peles são subprodutos da produção de carne e são transformadas em estofamento (p. 152), bolsas, capas de livro, calçados e equipamentos, por exemplo.

Imediatamente depois do abate, a pele começa a ser decomposta por bactérias. Ela é preservada pela adição de sal (método tradicional usado para remoção de água) ou por refrigeração. A melhor opção é usar peles refrigeradas de origem local, porque salgar pode causar poluição, por exemplo, pela elevação dos níveis de cloreto nos rios.

O curtume usa grandes quantidades de água. A Heinen Leather utiliza 90 litros/m² e cerca de 0,5 kg de produtos químicos para cada 1 kg de couro. Porém, muitos curtumes consomem mais de 350 litros/m². A Heinen Leather purifica toda a água depois do uso. As substâncias prejudiciais são filtradas, recolhidas e convertidas. A maior parte de sua água pode ser reutilizada, o que diminui o consumo geral.

Os impactos ambientais de curtir o couro dependem do curtume. Sob a marca Terracare, a Heinen Leather reduz continuamente a quantidade de água (72% a menos atualmente do que em 2003), produtos químicos e energia usados (15% da energia é derivada do biogás produzido por aparas da calagem), diminuindo o impacto ambiental da produção de couro. Por esse motivo, estima-se que a produção de 1 m² do couro da empresa resulte em 2,81 kg de emissões equivalentes de dióxido de carbono.

Estudo de caso

Preparação de couro cru para curtir

Empresa Heinen Leather
www.heinen-leather.de

A Heinen Leather, com sede na Alemanha, usa somente pele de vaca de fonte local (Europa Central). Eles compram peles de boi que pesem entre 30 kg e 50 kg, ou no máximo 60 kg para seu couro mais pesado, que chegam classificadas e separadas (imagem **1**).

A pele passa pelos processos de remolho e calagem em lotes (imagem **2**) e é mecanicamente descarnada e aparada. As partes indesejadas da pele, como a área dos joelhos e a raiz da cauda, são removidas (imagem **3**). Não há resíduo de pele. Todas as partes indesejadas são desviadas para outros usos, como a produção de cola ou gelatina.

A pele é cortada ao longo da sua espessura em grão e carne (imagens **4** e **5**) e preparada para ser curtida (p. 80).

1

2

3

4

5

Couro 79

O que é curtimento com cromo?

O curtimento cura o couro para torná-lo durável e resistente à água. Os dois principais métodos de curtimento são o vegetal e o mineral (cromo). O curtimento vegetal usa tanino obtido de biomassa, como casca de árvore (de onde o nome se origina). Os métodos tradicionais levam cerca de um ano e produzem couro firme e resistente, embora não seja um couro tão duradouro quanto o que é curtido com cromo. As peles são suspensas em poços de curtimento e passam por um ciclo de concentrações progressivamente mais fortes de solução de curtimento, que é conhecida como "licor".

O curtimento com cromo é mais usado, mais rápido (leva cerca de 20 horas) e produz couro consistente e de alta qualidade. O estágio 1 consiste em cinco processos, que são realizados na sequência em um tambor giratório: desencalagem, purga, píquel, curtimento e neutralização (ver estudo de caso, ao lado).

No estágio 2, a água é extraída em uma máquina secadora e as peles são cortadas ao meio, o que facilita o manuseio.

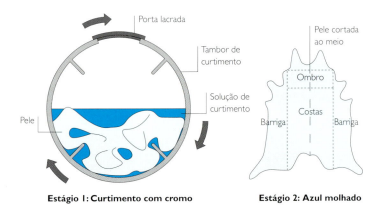

Estágio 1: Curtimento com cromo   **Estágio 2: Azul molhado**

Sais de cromo   Muitos tipos diferentes de agentes de curtimento podem ser usados. O cromo trivalente (cromo III), que é usado pela Heinen Leather, é um elemento natural, atóxico, considerado o que causa menor impacto ambiental entre todos os agentes de curtimento. O cromo hexavalente (cromo VI) é proibido em muitos países, inclusive na Alemanha, por ser considerado cancerígeno.

1

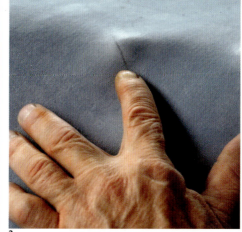
2

3

4

5

Estudo de caso

Curtimento

Empresa Heinen Leather
www.heinen-leather.de

A Heinen Leather usa dióxido de carbono para a desencalagem das peles. Colágenos e outras proteínas são então removidos com a utilização de enzimas em um processo conhecido como purga, que torna as fibras mais maleáveis. Durante a purga, sal e ácido são adicionados para reduzir o pH e preparar o couro para a adição do agente de curtimento. Em pH baixo, as moléculas de cromo são muito pequenas e penetram profundamente nas fibras de couro. Com a elevação do pH, as moléculas crescem e formam ligações cruzadas com o colágeno. Esse é o processo de curtimento.

As peles curtidas são conhecidas como azul molhado (wet blue), porque o cromo as tinge de azul-claro (imagem **1**). As imperfeições da pele, como arranhões e cicatrizes, são facilmente identificadas no couro azul molhado (imagem **2**). Os graduadores, conhecidos como classificadores de azul molhado, separam cuidadosamente o couro nas três diferentes classes de qualidade (imagem **3**).

Depois, as peles são raspadas para corrigir a espessura, que depende da utilização (imagens **4** e **5**). Couro macio para bolsas, por exemplo, requer uma espessura diferente daquela usada para a fabricação de botas.

O que são recurtimento e tingimento?

Os couros raspados são levados ao tambor de tingimento e passam por um processo de neutralização, recurtimento, tingimento e lubrificação. Agentes de curtimento adicionais são acrescentados, influenciando a maciez, o toque, a resistência a rasgos, a elasticidade e outras características. Tinta é acrescida para a obtenção da cor desejada, e os pigmentos são misturados de acordo com cada lote de couro.

A gordura da pele, que foi removida durante a calagem, é adicionada para melhorar a cor, o lustro e o toque do couro. As gorduras hidrofóbicas melhoram a resistência do couro à absorção de água. A respirabilidade do couro é mantida porque a gordura envolve as fibras individualmente.

Depois do tingimento o couro é seco em uma secadora. O lado grão (parte de baixo) é amaciado e ganha mais regularidade em um cilindro com lâminas cegas.

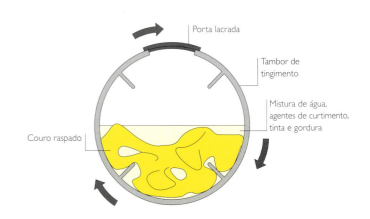

Acabamento O couro é passado a cerca de 90 °C e levemente esticado para melhorar o acabamento da superfície. Uma vez aparado, ele está pronto para uso. Existem muitos tipos de acabamento: por exemplo, lixar a parte da frente para produzir uma superfície mais áspera e resistente (nobuck); dividir a seco em uma espessura precisa de 0,1 mm; amaciar em tambor de fresagem para produzir uma superfície aveludada (como a napa); recobrir com spray ou rolo (para cor, efeito metálico, cera, verniz e assim por diante); gravar (como o padrão do grão) ou imprimir (cor e estampa).

Estudo de caso

Tingimento, secagem e acabamento de couro

Empresa Heinen Leather www.heinen-leather.de

Nesse estágio o couro adquire qualidades específicas de acordo com as exigências do cliente. Cada lote é processado separadamente (imagem **1**), tingido e acabado (imagem **2**) apenas com produtos à base de água.

Depois do tingimento, o couro é posto sobre um prato de metal aquecido (40 °C) (imagem **3**). Com a adição de pressão a vácuo, ele é seco (não completamente) e as fibras são "fixadas" no lugar. O couro é pendurado completando o processo de secagem (imagem **4**). Isso permite que os produtos químicos acrescentados ao couro formem ligações fortes e produzam um material estável e de alta qualidade. Na Heinen Leather, o calor usado nesse processo vem de resíduos de outros processos. Depois de seco, o couro é amaciado com água e pinos vibratórios de metal, produzindo um couro mais macio e bem-acabado (imagem **5**). Agora ele está pronto para um dos muitos processos de acabamento (imagem, p. 82).

Couro 83

Materiais

Lã

Esse material natural e renovável é coletado anualmente de ovinos no mundo inteiro. Dependendo da raça e do país de origem, a qualidade vai de áspera e resistente a fina e confortável. Isso a torna adequada a diversas utilizações, como vestuário, estofamento e têxteis técnicos.

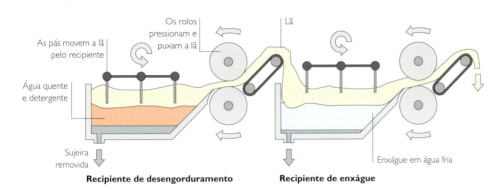

Recipiente de desengorduramento — Recipiente de enxágue

Informações essenciais

DISPONIBILIDADE	●●●●●●○
DURABILIDADE	●●●●●●●
RECICLABILIDADE	●●●○○○○
BIODEGRADABILIDADE	●●●●●○○

Impactos ambientais por kg

ENERGIA	●●○○○○○
FONTES	●○○○○○○
POLUIÇÃO	●●●○○○○
RESÍDUO	●●●○○○○

Materiais relacionados:
- Fio cardado
- Tecido
- Fio penteado
- Fio tingido
- Fio de lã

Materiais alternativos e concorrentes:
- Fibra sintética

O que é desengorduramento da lã?

A conversão de lã engordurada para lã pronta consiste em desengorduramento, cardação e penteado.

O desengorduramento é o processo pelo qual são removidos o suor, a gordura, a sujeira e outras contaminações acumuladas no velo ao longo de um ano. No desengorduramento aquoso, o velo é passado por seis a oito tanques (recipientes), começando com água quente (60 °C) misturada com detergente e terminando em enxágue com água fria. Em cada estágio a lã é limpa, e a contaminação, removida.

Rolos entre os tanques puxam a lã e pressionam-na entre eles, espremendo a água suja e reduzindo assim a contaminação entre os recipientes.

A gordura da lã é extraída do caldo restante e refinada para a produção de lanolina, um ingrediente importante nas indústrias cosmética e farmacêutica.

Notas sobre impactos ambientais

A lã é um material natural com muitas propriedades vantajosas. É resistente à água, ao fogo (queima quando na chama, mas se apaga ao ser afastada dela), é um bom isolante (retém o ar), absorve água sem parecer molhada e aceita bem o tingimento.

A produção de fibras de lã, na qual se inclui o processo de desengorduramento – que requer 4 litros de água por 1 kg de lã – tem impacto ambiental menor que a produção de fibras sintéticas como polipropileno (PP) ou nylon poliamida (PA).

Cada estágio no processo de produção de lã está se tornando mais eficiente e com um impacto ambiental reduzido. Por exemplo, a Haworth Scouring é certificada pela Soil Association, e seus processos são orgânicos. Mesmo assim, a produção de lã requer que as ovelhas sejam criadas em fazendas e protegidas com remédios e pesticidas; além disso, produtos químicos prejudiciais são usados na produção do fio. Em alguns países, o bem-estar dos animais é uma questão ainda complicada.

Tosa de ovelhas Todo verão, um pastor – aqui, Gareth J. Daniels – realiza a tosa das ovelhas. É um trabalho braçal que deve ser bem-feito para garantir o menor estresse possível ao animal e manter a melhor qualidade do velo. Por exemplo, passar o tosquiador em duas etapas, em vez de uma, vai produzir fibras mais curtas, conhecidas como segundo corte, que não são desejáveis para a fiação de alta qualidade (p. 91).

1

2

3

Estudo de caso

Classificação e lavagem da lã

Empresas British Wool Marketing Board
www.britishwool.org.uk e Haworth Scouring
www.haworthscouring.co.uk

A lã nasce em folículos na pele do ovino formando uma estrutura conhecida como ondulado (imagem **1**). Ela cresce em chumaços que são puxados do velo para testar a qualidade (imagem **2**), em particular a resistência, o comprimento e o diâmetro da fibra, e a consistência do ondulado. Essas características, como raça e cor, são usadas para classificar a lã. No Reino Unido, o British Wool Marketing Board coleta, classifica e vende a lã.

A lã é misturada e "aberta" (imagem **3**) para ser preparada para o desengorduramento (imagem **4**). Há contaminação significativa na lã que precisa ser removida: 1.000 toneladas de velo produzem cerca de 700 toneladas de lã limpa e lavada (imagem **5**).

4

5

Lã 87

O que é cardação?

As fibras de lã são proteínas, e sua superfície externa é coberta de minúsculas escamas sobrepostas que ajudam as fibras a se unir. A cardação funde e alinha as fibras em uma rede mais homogênea, que é então transformada em fio de lã (fibras embaraçadas de comprimento misto) ou fio penteado (fibras longas e paralelas penteadas).

Os rolos rotatórios pegam a lã que ainda não foi alisada (transversal à direção do movimento) do rolo rápido. As fibras são tiradas dos rolos rotatórios por rolos separadores contrarrotativos, que as devolvem ao rolo rápido. Assim, as fibras de lã são gradualmente separadas, misturadas e distribuídas para formar uma mistura homogênea.

Um rolo coberto com ganchos de arame escova as fibras em sentido contrário ao rolo rápido, levantando-as e facilitando a sua transição para o rolo penteador. Nem todas as fibras são transferidas; as restantes continuam no rolo rápido, e o ciclo prossegue. A fina malha de fibras é retirada do rolo penteador por uma escova suspensa, que sobe e desce rapidamente. A malha é separada em tiras por fitas rígidas e torcida delicadamente (o tamanho é definido pela aplicação).

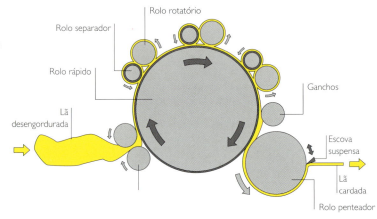

Estudo de caso

Lã cardada

Empresa Haworth Scouring
www.haworthscouring.co.uk

Após o desengorduramento, a lã está limpa, mas as fibras estão embaraçadas e ainda há matéria vegetal que deve ser removida (imagem **1**). Os fardos de lã são então levados para a máquina de cardar (imagem **2**).

O grande e rápido rolo gira no meio, cercado por diversos outros que giram em velocidade mais baixa e rolos separadores menores (imagem **3**). Os rotatórios giram relativamente devagar, de forma que as fibras não voltem ao mesmo lugar no rolo rápido a cada rotação. Desse modo, a lã é misturada e distribuída igualmente.

As fibras são transferidas do rolo rápido para o penteador e removidas como uma malha de fibras contínua (imagem **4**), que é ligeiramente torcida em tiras e separada em tambores (imagem **5**). As fibras misturadas (imagem **6**) podem ser transformadas diretamente em fio de lã pela torção (fio leve, aerado, adequado para tecelagem, tricô ou produção de feltro). As tiras também podem ser aparadas (desbastadas), penteadas (para remover fibras curtas e alinhar as fibras

longas) e torcidas em um fio forte e rígido, conhecido como fio penteado (ver também mistura, tingimento e tecelagem, p. 90).

2

3

4

5

6

Lã 89

Estudo de caso

Tingimento e mistura de cores

Empresa Mallalieu's of Delph
www.mallalieus.com

A lã limpa é tingida em grandes recipientes de água fervente (imagem **1**). As tintas contêm muitos ingredientes; grandes esforços têm sido feitos para garantir que as tintas sejam seguras e que contenham apenas um agente corante. Certificados de saúde e segurança e testes em tecido, antes de ele ser levado ao equipamento, são necessários para evitar incidentes decorrentes da manufatura ou do uso. A lã é colocada em grandes bolsas (imagem **2**) usadas para transferi-la aos processos de hidroextração e secagem por frequência de rádio.

A lã é misturada em uma máquina Fearnought, que separa os chumaços por ação contrarrotatória (imagens **3** e **4**). Vários tons de cor são misturados para criar uma cor rica. As fibras passam por uma unidade de lubrificação sintética, que reduz o ressecamento, e são depositadas em um recipiente com vazão no fundo (imagem **5**).

1

2

3

4

5

1

2

3

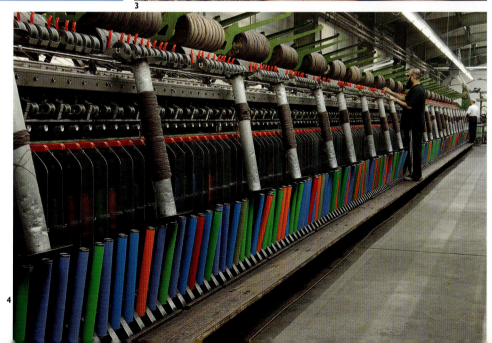
4

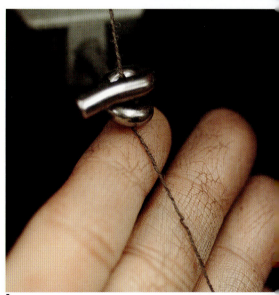
5

Estudo de caso

Cardação e fiação

Empresa Mallalieu's of Delph
www.mallalieus.com

A lã misturada, que neste caso é marrom, passa por um processo de cardação em cinco estágios (p. 88). Entre cada etapa, a lã é realinhada na direção contrária à do movimento, garantindo que a cor seja completamente misturada. Gradualmente a lã é reduzida a uma malha de fibras muito fina, que é separada por tiras de couro (imagem **1**). As fibras são ligeiramente torcidas em fios e enroladas em carretéis (imagens **2** e **3**).

Os fios passam por um tubo rotatório (imagem **4**), que realiza nova torção, produzindo um fio mais forte (imagem **5**) e menos propenso a se romper.

Lã 91

O que é tecelagem em tear?

A tecelagem em tear consiste em três movimentos repetidos muitas vezes: levantar e abaixar os liços do pente, inserir a trama e bater o pente.

Os fios da urdidura são passados por furos nos liços, os quais são operados individualmente – ou em conjunto – e controlados por computador ou movidos pela ação de pressionar um pedal. O movimento de subir e descer dos liços determina se é a urdidura ou a trama que ficará visível no lado de cima. É assim que são criados os padrões, que podem ser muito complexos. No exemplo do diagrama, os liços são separados em dois conjuntos, o que cria uma tessitura simples (como o tafetá).

Uma trama é inserida no espaço entre as fibras e na frente da batedora. A batedora é uma série de lâminas cegas que se encaixam entre uma fibra e outra e são usadas para "bater" cada trama na urdidura que se sobrepõe.

A trama é mantida no lugar pela batedora, enquanto os liços que estão embaixo sobem e aqueles que estão em cima descem, prendendo a trama entre as urdiduras. O processo é repetido para formar a carreira seguinte.

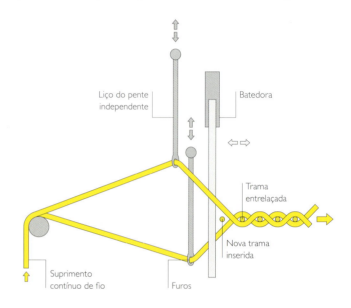

Qualidade da lã A lã é selecionada de acordo com os requisitos da tecelagem. A lã de cada raça de ovino tem suas próprias características, como cor, durabilidade, densidade, tamanho de fibra, ondulado e brilho. Por exemplo, a lã produzida no Reino Unido é resistente e forte, por isso é mais usada para tapetes (70%), enquanto a lã da Austrália e da Nova Zelândia é considerada mais confortável e adequada ao tricô.

1

2

3

4

Estudo de caso

Tecelagem de tecido com padronagem

Empresa Mallalieu's of Delph
www.mallalieus.com

Na preparação para a tecelagem, a lã deve ser tingida e misturada (p. 90), cardada e fiada (p. 88). O fio (imagem **1**) é então transferido para cones e para um cilindro, que vai formar a base da padronagem do tecido. Do cilindro, o fio é transferido para uma barra (imagem **2**), que, por sua vez, é transferida para um tear depois de alguma preparação inicial (imagem **3**). Cada fio é passado por um furo no liço do pente, que se move para cima e para baixo para entrelaçar os fios da trama que correm perpendicularmente à urdidura. Os tecidos mais comuns são os de forma simples, sarja e cetim. Com essas técnicas, uma variedade quase ilimitada de cores e padronagens pode ser criada. Depois de cada fio da trama ter passado entre as camadas da urdidura, uma batedora comprime os fios em uma tessitura apertada (imagem **4**).

Lã

Materiais

Fibras vegetais

Usadas para fazer têxteis técnicos e de alta qualidade para moda, embalagens, estofamentos e biocompostos, as fibras celulósicas vegetais são naturais, renováveis e resistentes. Os métodos de cultivo e produção são essenciais para garantir um impacto ambiental positivo.

Algodão

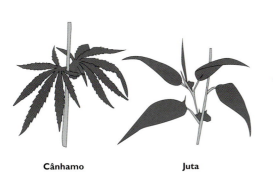

Cânhamo   Juta      Linho

Fibras liberianas

Informações essenciais

DISPONIBILIDADE	●●●●●●○
DURABILIDADE	●●●●●○○
RECICLABILIDADE	●●●●●○○
BIODEGRADABILIDADE	●●●●●●●

Impactos ambientais por kg

ENERGIA	●○○○○○○
FONTES	●●○○○○○
POLUIÇÃO	●●●○○○○
RESÍDUO	●○○○○○○

Materiais relacionados:
- Algodão
- Cânhamo
- Linho
- Juta

Materiais alternativos e concorrentes:
- Acetato de celulose (AC)
- Plástico virgem (fibras sintéticas)

O que são fibras vegetais?

As fibras vegetais são compostas principalmente de celulose e derivadas de sementes ou da haste (entrecasca) de culturas cultivadas. O cânhamo cresce rapidamente, tem alto rendimento e produz fibras macias, longas e duráveis. As fibras de linho são igualmente duráveis, longas, macias e flexíveis. O linho está se tornando cada vez mais popular porque as fibras são mais finas e fáceis de separar que as do cânhamo. A juta produz uma fibra forte e áspera que é mais barata e é usada em geral para produzir tecido grosso para tapetes, bolsas e sacos. A extração da fibra liberiana começa com a maceração. Os processos que não utilizam produtos químicos são eficientes e produzem uma fibra superior e sustentável.

A fibra mais usada vem da vagem da semente de algodão. As fibras leves e macias presas à vagem são fiadas. A vagem, também conhecida como casulo, contém fibras mais curtas que são usadas na fabricação de papel (p. 74) e acetato de celulose (p. 30). As fibras são separadas por meios mecânicos.

Notas sobre impactos ambientais

A combinação de tipo de fibra (crescimento) e método de produção (extração de fibra) determina o impacto ambiental geral. O algodão é uma das culturas que mais necessitam de pulverização (responde por mais de 10% do consumo de agroquímicos). O algodão orgânico, que é cultivado sem fertilizantes químicos, pesticidas e fungicidas, é mais sustentável.

Plantas que rendem fibras liberianas, por sua vez, podem ser cultivadas com pouco ou nenhum fungicida, herbicida ou pesticida em muitos climas.

O bambu surge como uma alternativa econômica para a seda. Cresce depressa e não requer fungicidas, herbicidas ou pesticidas.

Porém, é preciso lembrar que a fibra viscosa de bambu não é considerada uma fibra vegetal natural por causa dos processos químicos usados para produzi-las. O método predominante é a hidrólise-alcalinização com várias fases alvejantes. Produtos químicos, como hidróxido de sódio (soda cáustica), são usados para extrair a celulose, que então sofre extrusão, tornando-se uma fibra. Métodos mecânicos têm menor impacto ambiental, mas com a tecnologia atual a qualidade da fibra é inferior.

Para todas as fibras vegetais – como a madeira (p. 56) –, a certificação é a chave para monitorar o impacto total dos processos de produção (p. 10).

Estudo de caso
Cultura do linho

Empresa Ekotex
www.ekotex.pl

O linho é colhido, e as hastes são deixadas no campo para macerar (imagem **1**). A maceração é um processo natural no qual micro-organismos dissolvem a pectina que liga as fibras à haste e uns aos outros. Depois de quatro a seis semanas, as hastes secas são unidas em fardos e levadas à fábrica (imagem **2**), onde são prensadas entre rolos de metal que separam as fibras mecanicamente. As fibras são penteadas e cardadas (imagem **3**), de modo semelhante à lã (p. 84).

1

2

3

Estudo de caso

Transformação de linho em composto Biotex

Empresa Composites Evolution
www.compositesevolution.com

A cardação produz porções de fibras (imagem **1**). A fiação sem torção foi desenvolvida para a produção de compostos, ajudando a manter o melhor desempenho com reforço contínuo da fibra. Se possível, é melhor usar a fibra sem tratamento – a natural – para evitar o uso de produtos químicos alvejantes e corantes. Se não for possível, existem sistemas à base de água sem metais pesados ou outros ingredientes tóxicos (imagem, p. 10). São produzidas diversas tessituras diferentes, adaptadas de acordo com os requisitos mecânicos da aplicação (imagem **2**).

A Composites Evolution usa linho para produzir Biotex, uma variedade de compostos naturais de excelente desempenho ("Prepreg biocomposto", p. 98). Essa tecnologia é usada para produzir partes do protótipo do carro de corrida elétrico Lola/Drayson para Le Mans (p. 129) e do carro de corrida WorldFirst (p. 13), patrocinado pelo Warwick Innovative Manufacturing Research Centre (WIMRC) do Warwick Manufacturing Group.

Este protótipo de painel interno para Land Rover (imagem **3**), feito de linho Biotex e polipropileno (PP), é 60% mais leve que a atual parte de aço e tem a mesma rigidez. A Composites Evolution também fornece um material com ácido polilático (PLA) para produzir 100% biocomposto.

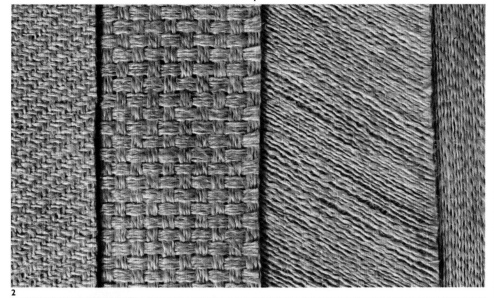

Materiais

Prepreg biocomposto

Fibras naturais, como o cânhamo, o linho e a juta, são usadas para reforçar compostos para a indústria automotiva, reduzindo peso, custo e impacto ambiental. Substituem compostos convencionais, como plásticos de fibra de vidro e metal laminado, para aplicações estruturais e decorativas.

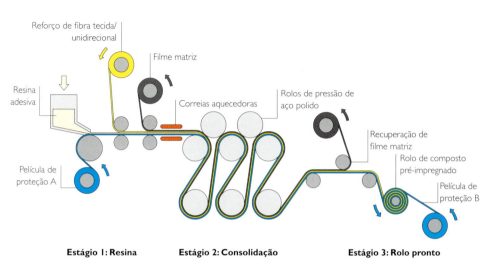

Informações essenciais

DISPONIBILIDADE	●●●●●●○○
DURABILIDADE	●●●●●●●○
RECICLABILIDADE	●●●○○○○
BIODEGRADABILIDADE	●●●●●●○

Impactos ambientais por kg

ENERGIA	●●○○○○○
FONTES	●●●○○○○
POLUIÇÃO	●●●○○○○
RESÍDUO	●●●●○○○

Materiais alternativos e concorrentes:
- Plástico
- Aço
- Plástico reciclado

O que é prepreg (pré-impregnado) hot-melt?

A pré-impregnação com resina é a combinação de uma matriz de resina com um reforço contínuo de fibra para uso em "Laminação de composto" (p. 126) ou "Moldagem por compressão" (p. 110). A matriz sustenta e une as fibras, transferindo cargas aplicadas e protegendo-as. Ela também dita a temperatura máxima de serviço de um composto. Os termoplásticos (p. 22), termoendurecidos e bioplásticos (p. 24) servem como matrizes.

No estágio 1, uma medida exata de resina é aplicada na película de proteção A, garantindo uma proporção controlada de resina e fibra. O reforço de fibra é aplicado em cima, preso pelo filme matriz e comprimido. Tipos de reforço de fibra incluem tecidos unidirecionais (todas as fibras em uma direção) e tecidos que não amarrotam/multiaxiais.

No estágio 2, o laminado passa por uma série de rolos de compressão de aço polido, que empurram a resina para dentro do reforço. No estágio 3, o substrato que dá suporte ao filme de resina é removido, e o composto pré-impregnado é preso a um rolo com a película de proteção B por cima.

Notas sobre impactos ambientais

Os fatores mais importantes que afetam o impacto ambiental de compostos são os seus ingredientes e o fim da sua vida útil. Compostos convencionais como carbono, vidro e plástico reforçado com fibra de aramida (CFRP, GFRP e AFRP) são muito leves, rijos e resistentes. Eles estão mudando o modo como os produtos de alto desempenho são projetados e construídos, melhorando a eficiência e viabilizando estruturas que, de outra forma, seriam impraticáveis. Porém, o carbono e a aramida (também conhecida pelos nomes comerciais Kevlar® e Twaron®) consomem bastante energia na sua produção e, no fim da vida, seus compostos são muito difíceis de reciclar (embora tenha havido desenvolvimento significativo nessa área: ver imagem, p. 17).

Os biocompostos são feitos de reforço de fibra natural (ver "Fibras vegetais", p. 94) e bioplástico (p. 24), também chamado biorresina. Também podem ser de base biológica e consistir em uma matriz de resina sintética ou reforço de fibra não biológica. Os termoplásticos (p. 22) são bastante recicláveis, porém os termoendurecidos são menos fáceis de reciclar. Os ingredientes biológicos necessitam de menos energia para serem manufaturados do que seus equivalentes sintéticos ("Plásticos de base biológica", p. 24). A sua reciclabilidade também foi estudada: laminados de linho/aço polilático (PLA) foram fragmentados, regranulados, moldados por injeção (p. 104) e tiveram sua tração testada – em um ciclo repetido cinco vezes. A resistência do material foi reduzida em 10% a cada reciclagem, mas os módulos não foram afetados. O linho/PLA também é biodegradável e compostável nas condições certas.

Protótipo de biocomposto para Jaguar Uma peça protótipo da Composites Evolution feita de tecido de linho e PLA Biotex (p. 97). Esse módulo de porta traseira do Jaguar XF é 35% mais leve que o componente concorrente de fibra de vidro (GF) e polipropileno (PP) da mesma espessura.

1

Estudo de caso

Preparação de composto de fibra de linho

Empresas Umeco www.umeco.co.uk e Composites Evolution www.compositesevolution.com

Essa é a produção do composto de base biológica de linho e epóxi. Diferentes tessituras de tecido podem ser usadas, inclusive a simples, sarja e cetim. A trama simples (um por cima, um por baixo) é muito estável, mas dificilmente acompanha mudanças drásticas na forma. O uso de um equilíbrio pesado de fibras na direção da urdidura produz um formato quase unidirecional. Tecidos de sarja (dois fios por cima, dois por baixo, criando um padrão diagonal) têm uma tessitura aberta, que envolve prontamente e se molda a perfis complexos. O cetim (quatro fios por cima, quatro por baixo, por exemplo) é um tecido muito mais plano que pode ser facilmente moldado a uma superfície de forma complexa. Porém, em virtude dessa construção, essas tessituras são desequilibradas.

Neste caso, o reforço de fibra é sarja de linho (imagem **1**). Similar ao cânhamo, o linho tem boas propriedades mecânicas e pode ser cultivado no clima europeu, perto da fábrica. É submetido ao processo hot-melt, consolidado com resina e passado por um rolo entre películas de proteção (imagens **2** e **3**). O processo é cuidadosamente controlado para garantir que o material seja da mais alta qualidade (imagem **4**). Isso é essencial, porque esses materiais são usados em aplicações complexas nas quais desempenho mecânico previsível é crucial.

2

4

3

Prepreg biocomposto 101

Notas para designers

QUALIDADE A pressão elevada garante boa repetibilidade, porém, o tipo de material vai determinar o acabamento e a qualidade. Por exemplo, os plásticos à base de amido têm uma aparência manchada, enquanto o ácido polilático (PLA) e o poli-hidroxialcanoato (PHA) têm aparência semelhante à dos plásticos convencionais (imagens, p. 22).

APLICAÇÕES As aplicações dependem do tipo de bioplástico: os plásticos à base de amido são usados para embalagens, enchimento, garrafas, tampas, talheres, caixas de alimentos e copos; os plásticos à base de madeira são usados para itens descartáveis, embalagens, puxadores e brinquedos; e o PLA e o PHA são usados como substitutos diretos para o plástico à base de petróleo em embalagens, talheres, têxteis e aplicações agrícolas.

CUSTO E VELOCIDADE Os custos de montagem são moderados, dependendo do tamanho e da complexidade da peça. O ciclo de tempo fica geralmente entre 30 e 90 segundos, e os custos de mão de obra são baixos para operações mecanizadas. O preço da unidade de bioplástico é geralmente mais alto que o de mercadorias de plástico. Os volumes normalmente ficam acima de 25 mil.

MATERIAIS Todos os tipos de plástico podem ser moldados, inclusive aqueles à base de amido, madeira, PLA, PHA e poli--beta-hidroxibutirato (PHB), e celulose, bem como termoplásticos convencionais (p. 22). Também é possível moldar borracha (p. 36).

IMPACTOS AMBIENTAIS Os materiais de base biológica são derivados de fontes renováveis. Consomem de 20% a 30% menos energia e resultam em emissões de carbono até 85% mais baixas do que na produção de plásticos à base de petróleo. Podem ser compostáveis ou biodegradáveis, o que significa que são decompostos em dióxido de carbono, água e biomassa por micro-organismos.

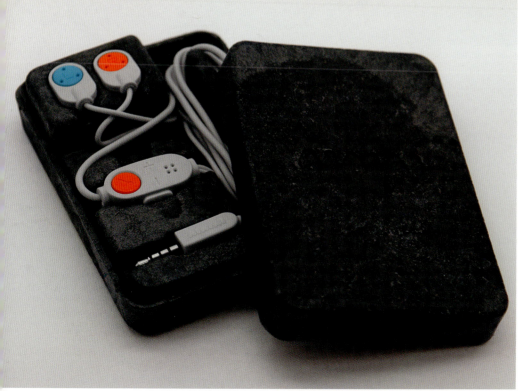

Embalagem Esse material é usado em todos os tipos de embalagens, desde as descartáveis para comida até aquelas para delicados produtos eletrônicos. O PaperFoam é testado nos mesmos padrões que os materiais de embalagem convencionais. A espessura da parede pode ter de 2 mm a 3,5 mm, e os tamanhos variam de aproximadamente 50 mm de diâmetro a 300 mm × 200 m × 100 mm.

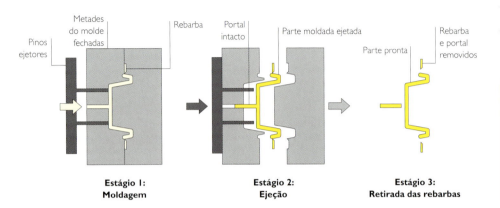

Informações essenciais

QUALIDADE VISUAL	●●●●●●○
VELOCIDADE	●●●●●●○
CUSTO MONTAGEM	●●●●●●○
CUSTO UNIDADE	●●○○○○○

Impactos ambientais por kg

ENERGIA	●●○○○○○
FONTES	●●○○○○○
POLUIÇÃO	●○○○○○○
RESÍDUO	●○○○○○○

Processos alternativos e concorrentes:
- Moldagem por sopro
- Corte de precisão e molde de papelão
- Moldagem por compressão
- Termoformagem

O que é moldagem por injeção de plástico à base de amido?

PaperFoam é composto por 70% de amido, 15% de fibras e 15% de mistura pronta (ingrediente secreto) ("Plásticos de base biológica", p. 24). No estágio 1, o material misturado é injetado pelo portal para a cavidade sob pressão. O molde é operado a 200 °C, de forma que a água ferva quando o material é injetado na cavidade. Isso faz o material espumar.

No estágio 2, depois de 60 a 90 segundos e quando toda a água evapora, a parte moldada é ejetada. No estágio 3, as rebarbas e o portal são removidos para reciclagem. O molde geralmente é feito de alumínio.

Processos

Moldagem de bioplástico por injeção

Os bioplásticos são usados para substituir os plásticos convencionais à base de petróleo nesse versátil processo de produção em massa. Há muitos tipos de bioingredientes usados em diferentes níveis de concentração, de uma pequena quantidade a 100%.

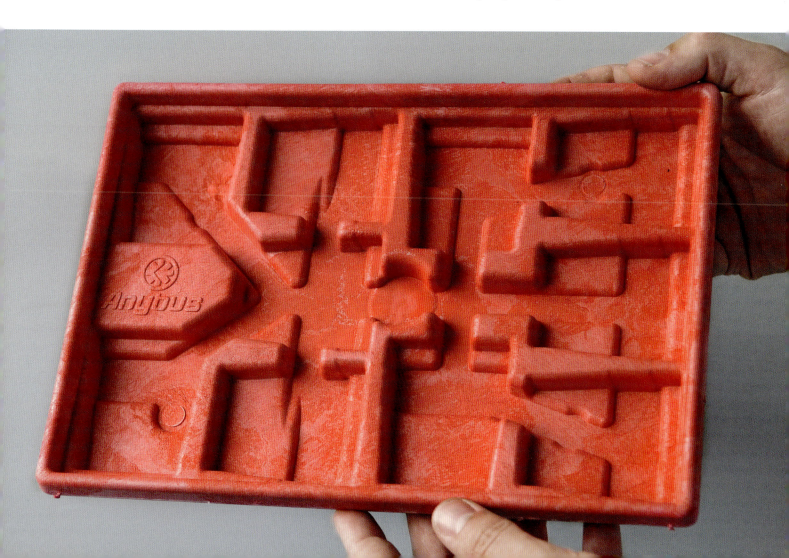

Processos

2

1

2

Estudo de caso

Plástico à base de amido moldado por injeção

Empresa PaperFoam www.paperfoam.com

A matéria-prima usada na moldagem de PaperFoam é preparada com equipamento similar ao da produção de alimento (p. 25). Ela tem consistência pegajosa e sua cor natural é branca (imagem **1**), mas está disponível em várias cores (p. 24).

As ferramentas são produzidas com alumínio e, neste caso, três peças são moldadas simultaneamente (imagem **2**). O molde é hermeticamente fechado e o bioplástico é injetado e solidificado. Depois de apenas 70 a 90 segundos, as metades do molde são separadas e revelam as peças moldadas (imagem **3**).

As peças são ejetadas e as rebarbas de material são removidas por um robô ou manualmente (imagem **4**). A embalagem é projetada para ser empilhada perfeitamente e economizar espaço durante o transporte (imagem **5**).

3

4

5

Parafuso de plástico à base de madeira usado em S-HOUSE O Treeplast® é empregado em moldagens complexas, como a desse parafuso, que tem 365 mm de comprimento. Ele é usado na construção da S-HOUSE para manter unidos os fardos de palha (GrAT - www.grat.tuwien.ac.at).

Estudo de caso

Plástico à base de madeira moldado por injeção

Empresa Treeplast www.treeplast.com

O Treeplast® é um material renovável de base biológica que pode ser moldado por injeção. Os ingredientes variam de acordo com a aplicação: podem ser lascas de madeira, milho amassado e matriz bioplástica. Neste caso, o bioplástico é poli-hidroxibutirato (PHB). Ele é um poliéster – um tipo de poli-hidroxialcanoato (PHA) (p. 106) com resistência semelhante à do polipropileno (PP) – produzido por fermentação bacteriana.

As propriedades dos poliésteres PHA vão de rígidos a elásticos e biodegradáveis a duradouros, dependendo dos monômeros usados na polimerização (p. 21). A produção de PHA usa menos energia do que a do plástico à base de petróleo.

Os grânulos de material pré-misturado (imagem **1**) são produzidos por extrusão e moldados com equipamento convencional de moldagem (imagem **2**). Ele é viscoso em comparação ao plástico puro, e por isso é necessária uma pressão de moldagem mais elevada e paredes mais espessas. Desse modo, o tamanho máximo que pode ser moldado por injeção é de cerca de 450 mm x 250 mm x 250 mm, e as dimensões mínimas ficam em torno de 3 mm x 3 mm x 3mm.

A qualidade visual da peça é muito influenciada pelo conteúdo biológico (imagem **3**). Como na moldagem de plástico convencional, as rebarbas são removidas, e as peças são acabadas (imagem **4**).

Moldagem de bioplástico por injeção 109

Processos

Moldagem por compressão

A moldagem por compressão é usada para moldar borracha, bioplástico e materiais compostos e reciclados em peças 3D com um molde simples de duas partes. Geralmente é utilizada para a produção em lotes ou para moldar materiais que não são adequados à moldagem por injeção.

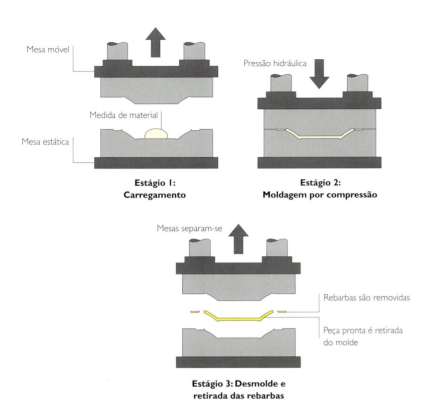

O que é moldagem por compressão?

A moldagem por compressão geralmente é feita com um molde simples de duas partes. A aplicação de relevos é possível com interferência no molde, mas isso pode ser limitado pela seleção do material.

No estágio 1, uma quantidade de material predeterminada é levada ao molde inferior, estático. Os moldes são pré-aquecidos: a temperatura é determinada pelo material a ser moldado. No estágio 2, as metades do molde são unidas e é aplicada pressão gradual para que o material fique distribuído por igual no molde. Áreas de extravasamento permitem que o excesso de material escape de maneira controlada. Elas são projetadas para que o material possa ser removido com facilidade depois da moldagem.

No estágio 3, a peça é retirada do molde, e as rebarbas são removidas depois que o material estiver completamente solidificado.

Notas para designers

QUALIDADE   A escolha do material determina as propriedades visuais e mecânicas da peça pronta. Por exemplo, os plásticos à base de amido têm superfície manchada, mas os plásticos reciclados podem ser multicoloridos (ver "Moldagem de plástico reciclado", p. 120).

APLICAÇÕES   A moldagem por compressão é usada em ampla variedade de produtos, como solas de sapato, botas, alças, puxadores, embalagens e materiais laminados.

CUSTO E VELOCIDADE   O custo das ferramentas é de baixo a moderado (menor que o de moldagem por injeção). O tempo do ciclo depende do tamanho, do material e da espessura. O processo é adequado tanto à produção de baixa escala e quanto à em massa, porém normalmente se prefere a moldagem por injeção (p. 104) para a produção em massa por ter custo mais eficiente para grandes volumes, embora isso dependa do material. Os custos de mão de obra são baixos.

MATERIAIS   Os materiais naturais incluem subprodutos agrícolas e plástico à base de amido e de celulose. Quase todo tipo de material pode ser incorporado ao material moldado, por exemplo, fibras.

IMPACTOS AMBIENTAIS   Os materiais vegetais são colhidos de fontes renováveis, são produzidos localmente ou são subprodutos de processos agrícolas. Nada é adicionado durante a moldagem – é preciso calor e, em alguns casos, é utilizado um agente desmoldante – e há pouco ou nenhum resíduo.

Botas de borracha moldada e aderente   As galochas GreenTips são fabricadas no Sri Lanka e contêm só borracha natural (p. 36) certificada pelo Forest Stewardship Council (FSC). Isso significa que a borracha usada para fabricar as botas não tem adição de produtos químicos, cloreto de polivinila (PVC) ou toxinas, e foi extraída de uma árvore de maneira sustentável (p. 38), o que previne o desflorestamento ou o deslocamento de povos indígenas ou da fauna local.

Estudo de caso

Moldagem de uma bandeja de plástico à base de amido

Empresa PaperFoam
www.paperfoam.com

Neste caso, a PaperFoam usa moldagem por compressão para testar misturas de material antes da produção plena, que vai utilizar moldagem por injeção (p. 104). Amido, água, fibras de madeira e o ingrediente secreto são misturados em um processador de alimentos (imagem **1**). Isso demonstra o quanto a preparação de comida pode ser próxima desse processo bioplástico em particular.

Uma medida exata de material é posta no molde inferior (imagem **2**). Os moldes são pré-aquecidos a 200 °C, unidos e pressionados (imagem **3**), forçando o material a preencher a cavidade entre eles. Os moldes são mantidos juntos por 60 a 90 segundos (dependendo da espessura do material), e a peça é revelada quando eles são separados (imagem **4**). O excesso de material escorreu por canais abertos entre os moldes para garantir que seja removido com facilidade no processo de retirada das rebarbas.

O PaperFoam está disponível em várias cores (imagem **5**). Cores mais claras têm uma aparência visual mais consistente, enquanto as mais escuras parecem manchadas. Os pigmentos são os mesmos usados na indústria de impressão.

Processos

Extrusão de plástico

O termoplástico polimerizado, o elastômero ou o pó de bioplástico sofrem extrusão, tornando-se bastões que serão cortados em grânulos e processados por extrusão ou moldados em produtos finais. A coextrusão é usada para moldar produtos com duas ou mais cores em um único material ou combinar diferentes materiais consistentes.

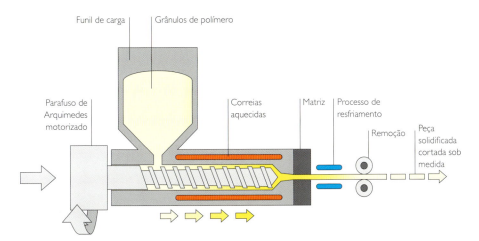

Informações essenciais

QUALIDADE VISUAL	●●●●○○○
VELOCIDADE	●●●●●●●
CUSTO DE MONTAGEM	●●●○○○○
CUSTO DA UNIDADE	●●○○○○○

Impactos ambientais por kg

ENERGIA	●●○○○○○
FONTES	●●○○○○○
POLUIÇÃO	●○○○○○○
RESÍDUO	●●○○○○○

Processos relacionados:
- Coextrusão
- Extrusão

Processos alternativos e concorrentes:
- Moldagem por compressão
- Moldagem por injeção

O que é extrusão de plástico?

Semelhante à moldagem por injeção (p. 104), grânulos de polímeros são postos por meio do funil para dentro do barril, no qual serão simultaneamente aquecidos, misturados e conduzidos para o molde pela ação giratória do parafuso de Arquimedes.

O plástico derretido é forçado através da matriz até o tanque de água, onde o polímero quente se solidifica. Extrusões de filme e laminado são resfriadas quando passam entre rolos refrigeradores, em vez de um tanque de água. Isso ajuda a controlar a espessura e a aplicar textura.

O material que passou por extrusão é cortado no comprimento ou enrolado, dependendo da sua flexibilidade e de sua finalidade.

Extrusão de plástico 115

Notas sobre impactos ambientais

A extrusão é fundamental no processo de manufatura do plástico e do bioplástico. Inevitavelmente, calor e água são consumidos nesse processo industrial e, portanto, o material determina o impacto ambiental dos produtos prontos ("Plásticos", p. 20, e "Plásticos de base biológica", p. 24).

Se um único tipo de material, ou cor, é produzido, todo o resíduo pode em geral ser diretamente reciclado: pode ser devolvido ao funil de alimentação e passar por nova extrusão.

Porém, materiais misturados não podem ser reciclados tão prontamente e com frequência passam pelo processo denominado downcycling (degradação), resultando em produtos de cor mais escura. Materiais compostos, como composto de plástico e madeira (WPC), podem ser mais eficientes em termos de energia na produção como matéria-prima, mas sua reciclagem e seu descarte são mais complicados.

Pigmentos coloridos, brilhantes e fluorescentes
A variedade de cores que pode ser obtida no plástico é quase ilimitada. Plásticos transparentes, como o acrilonitrila-butadieno-estireno (ABS), poliestireno (PS) e acetato de celulose (AC), ficam muito bem coloridos.

Os pigmentos fluorescentes brilham intensamente porque absorvem luz na porção ultravioleta do espectro e emitem luz na porção visível. Portanto, materiais tingidos parecerão mais brilhantes que o ambiente porque emitem mais luz visível.

Estudo de caso

Extrusão de pó de polímero para material laminado

Empresa Mazzuchelli
www.mazzuchelli1849.it

O pó polimerizado é levado ao funil alimentador, aquecido e derretido, e passa por extrusão, o que o torna um fio contínuo (imagens **1** e **2**). Ele escorre diretamente para a água fria, dando início ao processo de resfriamento. Alinhado ao processo de extrusão, os fios paralelos correm por um cortador giratório que os reparte em grânulos (imagem **3**). Os grânulos são cuidadosamente secos e embalados.

O próximo passo é acrescentar cor. Isso é obtido quando se realiza uma nova extrusão dos grânulos de polímero, mas, dessa vez, com pigmento acrescentado à mistura (imagem **4**). Os grânulos de acetato de celulose (AC) são moldados por injeção (p. 104) para produtos como lentes, brinquedos, cabos de ferramentas ou enfeites para cabelo. Também podem passar por extrusão tornando-se lâminas (imagem **5**) que são usadas para óculos, bijuterias e bolsas.

Extrusão de plástico 117

O que é coextrusão?

Nesse processo, dois ou mais polímeros passam por extrusão com equipamento convencional e são misturados no molde de coextrusão. Eles são quentes e plásticos (amaciados), o que significa que, quando unidos, combinam-se formando uma ligação forte.
A junção é controlada pelo desenho do molde.
O processo é adequado para combinar materiais de cores diferentes (página ao lado) ou com propriedades distintas.

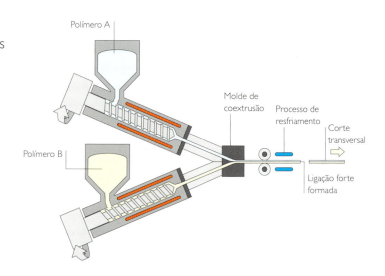

Efeitos decorativos A Mazzucchelli tem criado muitas maneiras inovadoras de realizar a coextrusão de folhas multicoloridas de acetato de celulose (AC). Esses materiais são usados para fazer armações de óculos, bijuterias e outros acessórios de moda. Desenvolvido originalmente para imitar casco de tartaruga e marfim (ver criação de efeito de casco de tartaruga com acetato de celulose, pp. 32-33), o acetato de celulose tornou-se um material desejado e é usado para a fabricação de óculos da mais alta qualidade.

Pela coextrusão de cores, pelo uso de gradientes (imagem à extrema esquerda) e até pelo polimento da superfície superior (imagem à esquerda), é possível obter ampla variedade de belos efeitos. As cores são criadas para atender às últimas tendências da moda.

118 Processos

Estudo de caso

Coextrusão de folhas multicoloridas de acetato de celulose

Empresa Mazzucchelli
www.mazzucchelli1849.it

As cores passam por extrusão separadamente e são unidas no molde de coextrusão (imagem 1). O material é sugado por rolos polidos de calandragem para alisar e homogeneizar o plástico quente em uma forma precisa (imagem 2).

Cada tira é cortada no comprimento e é verificado se nela há defeitos visuais (imagem 3). A secção transversal mostra como as cores foram combinadas para criar um gradiente visual preciso na superfície (imagem 4).

Extrusão de plástico 119

Processos

Moldagem de plástico reciclado

O plástico pós-consumo ou de fluxo de resíduo industrial pode ser remanufaturado sem reprocessamento significativo. Os materiais são separados, limpos e laminados na preparação para a moldagem. Como alternativa, se o plástico for de origem controlada ele pode ser transformado em novos produtos.

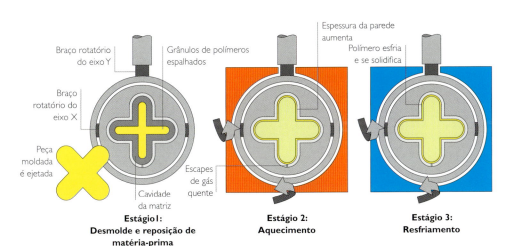

Informações essenciais

QUALIDADE VISUAL	●●●○○○○
VELOCIDADE	●●●●○○○
CUSTO MONTAGEM	●●●●○○○
CUSTO UNIDADE	●●●○○○○

Impactos ambientais por kg

ENERGIA	●●○○○○○
FONTES	●○○○○○○
POLUIÇÃO	●○○○○○○
RESÍDUO	○○○○○○○

Processos relacionados:
- Moldagem por rotação
- Moldagem de placas

Materiais alternativos e concorrentes:
- Vidro
- Metal
- Papel e papelão

O que é moldagem por rotação?

A moldagem por rotação produz formas ocas com espessura de parede constante. O pó de polímero é levado ao interior do molde, produzindo peças praticamente sem nenhuma deformação. O acabamento da superfície é bom mesmo sem nenhuma aplicação de pressão.

No estágio 1, uma medida predeterminada de pó de polímero é depositada no molde, que é fechado, travado e transferido para a câmara de aquecimento. No estágio 2, é aquecido em torno de 280 °C, mesma temperatura usada para o polietileno (PE) virgem, por cerca de 30 minutos, e é girado constantemente em torno de seu eixo horizontal (x) e vertical (y).

Quando as paredes do molde esquentam, o pó derrete e gradualmente forma uma cobertura regular na superfície interna. A espessura é controlada no local: temperatura mais alta resulta em produto mais espesso. No estágio 3, o molde é transferido para uma câmara de resfriamento por cerca de 30 minutos.

Quando as peças esfriam, elas são removidas dos moldes. O processo todo leva entre 30 e 90 minutos, dependendo da espessura da parede e do material escolhido.

Moldagem de plástico reciclado

Notas para designers

QUALIDADE   O design deve adaptar-se à incorporação de materiais 100% reciclados, porque isso afeta a cor, a confiabilidade e certas propriedades mecânicas. Por exemplo, o PE reciclado é mais maleável em temperatura ambiente, então, o caiaque moldado por rotação (ver estudo de caso) exige elementos estruturais adicionais, como frisos no casco.

APLICAÇÕES   Quase todos os produtos podem ser feitos com materiais remanufaturados. Entre as exceções, estão aplicações que exigem material isento de contaminação, por exemplo, embalagens para comida e produtos médicos.

CUSTO E VELOCIDADE   Plásticos reciclados costumam ser mais baratos que plásticos virgens (p. 20). Por exemplo, o caiaque reciclado é 20% mais barato para o consumidor que outro feito de PE virgem. Porém, a demanda por material reciclado de alta qualidade está crescendo e, portanto, em alguns casos, o preço também está subindo.

MATERIAIS   Termoplásticos como polipropileno (PP), PE, policarbonato (PC), cloreto de polivilina (PVC) e poliestireno (PS).

IMPACTOS AMBIENTAIS   Plásticos reciclados são simplesmente fragmentados e depois moldados. Nada é acrescentado durante a moldagem – só é necessário o calor – e há bem pouco resíduo, quando há. Reciclar uma tonelada de plástico economiza cerca de 1,5 tonelada de emissões equivalentes de dióxido de carbono. A fonte dos materiais é crítica, porque qualidade inconsistente e qualquer contaminação afetam as propriedades do produto final.

Estudo de caso

Reciclagem de caiaques de plástico

Empresa Palm Equipment Europe
www.palmequipmenteurope.com

É essencial que o material reciclado seja de alta qualidade e da mesma composição. Por esse motivo, a Palm Equipment só utiliza resíduo de polietileno de alta densidade (PEAD) de sua fábrica e produtos que eles produziram e foram devolvidos no fim de sua vida útil. A sucata é cortada e fragmentada na fábrica (imagem **1**).

O molde é preparado com agente liberador e gráficos, e 17,5 kg de PEAD, cuidadosamente fragmentados no tamanho correto de partícula, são distribuídos por igual no interior (imagem **2**). Em comparação ao PE virgem, o peso do material utilizado é o mesmo, mas a densidade do casco de pó reciclado é significativamente menor devido ao reprocessamento (a moagem produz um pó mais "fofo"). Isso significa que a espessura da parede é ligeiramente maior nas versões recicladas.

O molde é fechado, lacrado e levado à câmara de aquecimento (imagem **3**). Por causa do comprimento desse produto, ele é moldado em uma câmara que balança para frente e para trás enquanto o molde gira lá dentro (imagem **4**). Isso provoca uma rotação de 360° em torno de cada eixo. Quando o molde está bastante resfriado, o caiaque é removido (imagem **5**) e os acessórios e o equipamento de segurança são fixados em seus lugares (imagem **6**).

1

Moldagem de plástico reciclado 123

O que é moldagem de placa de plástico reciclado?

É um processo de moldagem por compressão direta (p. 110). No estágio 1, um peso predeterminado de material é posto nos moldes. O tamanho das folhas varia de 1,2 m × 0,8 m × 0,003 m a 3 m × 1,5 m × 0,025 m, pesando de 3 kg a 110 kg, respectivamente.

No estágio 2, as metades do molde são fechadas, pressionadas e aquecidas entre 140 °C para cloreto de polivinila (PVC) e 180 °C para policarbonato (PC). Isso faz com que as partículas, os flocos ou os grânulos de plástico derretam. Quando o plástico esfria o bastante, as partes do molde se separam, e a folha é removida. Todo o processo leva entre 30 minutos e 4 horas, dependendo da espessura da folha.

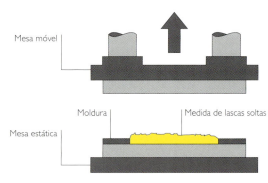

Estágio 1: Carregamento

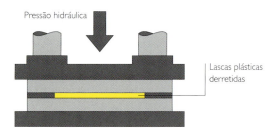

Estágio 2: Moldagem da placa

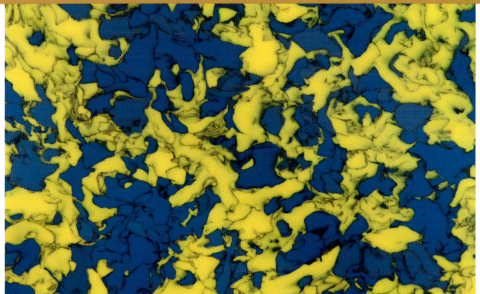

Canos azuis de água e canos amarelos de gás reciclados Os materiais não se misturam completamente durante a moldagem, por isso, as folhas são coloridas, aleatórias e únicas. A Smile Plastics produz uma grande variedade de materiais laminados a partir de plástico reciclado. A maioria é de PE ou PS, em geral usados em embalagens, móveis e aplicações industriais. Eles estão disponíveis em ampla gama de cores vivas, ideais para esse tipo de material. Outras matérias-primas são CDs (PC), notas de banco, botas (PVC) e até sucata da própria fábrica.

Estudo de caso

Moldagem de placa a partir de embalagem plástica reciclada

Empresa Smile Plastics www.smile-plastics.co.uk

O uso de materiais 100% reciclados elimina a energia necessária para produzir a mesma quantidade de matéria-prima. Esse processo converte embalagens descartáveis, inclusive tambores de óleo, em materiais laminados que podem ser usados para fazer novos produtos – por exemplo: cadeiras, mesas, balcões e iluminação.

O material reciclado nesse caso é PEAD fragmentado de embalagens de detergente (imagem **1**). O material, que pesa 24 kg, é espalhado no molde de 1 m × 2 m × 0,012 m (imagem **2**). O tamanho das lascas, a cor e os aditivos afetam a aparência final.

O molde é fechado e levado à prensa hidráulica (imagem **3**) com vários outros moldes. Depois da moldagem, as folhas são removidas (imagens **4** e **5**) e cortadas sob medida.

Moldagem de plástico reciclado 125

Processos

Laminação de composto

O reforço de fibra é combinado com uma matriz de plástico rígido formando peças leves e fortes. Os benefícios dos compostos aumentam a demanda para aplicações aeroespaciais, em desempenho automotivo e barcos de corrida. O desenvolvimento de material voltado para a redução do impacto ambiental inclui composto biológico e reciclado.

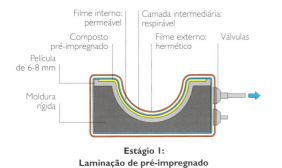

Estágio 1:
Laminação de pré-impregnado

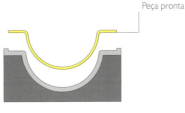

Estágio 2:
Desmoldagem

Informações essenciais

QUALIDADE VISUAL	●●●●●○○
VELOCIDADE	●●○○○○○
CUSTO MONTAGEM	●●●●○○○
CUSTO UNIDADE	●●●●●○○

Impactos ambientais por kg

ENERGIA	●●○○○○○
FONTES	●●○○○○○
POLUIÇÃO	●●●○○○○
RESÍDUO	●●○○○○○

Processos relacionados:
- Pré-impregnado
- Laminação úmida

Processos alternativos e concorrentes:
- Moldagem por compressão
- Moldagem por injeção
- Envernizamento

O que é laminação de composto pré-impregnado?

O pré-impregnado usa reforço de lâminas de fibra que foram pré-impregnadas com matriz plástica ("Prepreg biocomposto", p. 98; e FibreCycle, p. 17). As folhas são tecidas ou unidirecionais. A matriz sustenta e liga as fibras, transferindo cargas aplicadas e protegendo-as.

No estágio 1, as camadas de pré-impregnado são colocadas no molde. Todo o conjunto é encapsulado dentro de três camadas de material: um filme azul permeável, uma membrana intermediária respirável e um filme externo hermético. Isso garante que o mesmo vácuo seja aplicado a toda a área de superfície.

A lâmina de pré-impregnado é levada a uma autoclave a 4,14 bar e à temperatura de 120 °C por duas horas. No estágio 2, a peça pronta é desmoldada.

Notas para designers

QUALIDADE As propriedades mecânicas do produto são determinadas pela combinação de materiais e pelo método de laminação. Em geral, só o lado de contato com o molde pode ser brilhante. É possível produzir peças com um acabamento brilhante dos dois lados, mas isso aumenta a complexidade e exige outros ajustes no produto.

APLICAÇÕES Os usos estão se tornando mais abrangentes e englobando carros de corrida, cascos de barco, moldura estrutural de aeronaves e móveis.

CUSTO E VELOCIDADE O custo de ferramentas e mão de obra é de moderado a alto, porque a produção de moldes exige muito trabalho. O tempo do ciclo varia: uma peça pequena pode levar uma hora, aproximadamente, enquanto outra grande, complexa, pode levar até 150 horas.

MATERIAIS Materiais convencionais utilizados nesse processo incluem plástico reforçado com carbono, vidro e fibra de aramida (CFRP, GFRP e AFRP). Resinas de laminação termoendurecidas incluem poliéster, viniléster e epóxi.

IMPACTOS AMBIENTAIS Produtos químicos prejudiciais são usados na produção de CFRP, GFRP e AFRP, e é muito difícil reciclar sucata ou produtos no fim de sua vida útil. Porém, desenvolvimentos recentes possibilitaram começar a reciclar CFRP (ver FibreCycle, p. 17).

Fibras vegetais como cânhamo, juta e linho (p. 94) também podem ser usadas para o reforço de fibra, e é possível utilizar termoplásticos (mais simples de reciclar que termoendurecidos, "Reciclagem de plásticos", p. 208), bioplástico (p. 24) ou plástico reciclado para a matriz de resina. Esses aprimoramentos estão reduzindo significativamente o impacto ambiental dos compostos.

Trama alternada A direção e o alinhamento da trama afetam o desempenho mecânico da peça. Para produtos de alto desempenho isso é calculado pelo uso do *software* de análise de elementos finitos (FEA, na sigla em inglês) antes da manufatura. Neste caso, cada camada de pré-impregnado de sarja é alternada a 45° para garantir resistência máxima à peça.

1

Estudo de caso
Laminação com prepreg biocomposto

Empresa Lola Group
www.lola-group.com

As peças do protótipo de carro elétrico de corrida Le Mans, da Lola/Drayson (imagem **1**), foram patrocinadas pelo Warwick Innovative Manufacturing Research Centre (WIMRC) no Warwick Manufacturing Group. O veículo elétrico de alto desempenho, baseado em um chassi já existente da Lola, foi lançado em 2011.

As folhas de pré-impregnado de linho são preparadas por processamento hot-melt (p. 99). Chegam laminadas entre as folhas de filme protetor, que são removidas (imagem **2**). Uma plotadora é usada para cortar a forma com base em dados CAD.

As camadas de pré-impregnado em trama de sarja são levadas ao molde a 45° em relação à camada anterior (ver imagem, p. 128). Cada camada adicionada é friccionada para baixo para garantir que os cantos e detalhes menores sejam reproduzidos precisamente (imagens **3** e **4**).

2

3

4

Laminação de composto 129

Estudo de caso

Saco de vácuo e autoclave

Empresa Lola Group
www.lola-group.com

Quando todas as camadas de pré-impregnado estão no lugar, o molde e a ferramenta são cobertos com um filme azul permeável (imagem **1**). Esse filme é coberto por uma camada de membrana respirável, e o molde é então posto dentro de um filme hermético rosa claro (imagem **2**). O "sanduíche" resultante permite que um vácuo seja aplicado ao molde, forçando o laminado contra sua superfície (imagens **3** e **4**).

O molde submetido ao vácuo é então colocado numa autoclave, que cura a resina com calor e pressão (imagem **5**). Muitos moldes são postos na autoclave para cada ciclo de duas horas.

1

2

3

4

5

Estudo de caso

Desmolde e acabamento

Empresa Lola Group
www.lola-group.com

Uma vez curada, a peça é removida do molde (imagens **1** e **2**). Linhas de corte são feitas no molde e facilmente destacadas com um lápis dermatográfico no acabamento da peça pronta (imagem **3**). Buracos são feitos para a fixação. O perfil é então cortado e acabado (imagem **4**).

É possível reproduzir formas complexas e pequenos raios com pré-impregnado (imagem **5**). A trama determina as opções de design. A simples é muito estável, mas difícil de moldar em contornos complexos, porém tramas de sarja e cetim são mais flexíveis e podem reproduzir contornos profundos.

Processos

Cestaria

As técnicas usadas na cestaria são antigas e dependem de materiais e tradições locais. Todos os tipos de materiais naturais, maleáveis e fibrosos são usados, entre eles salgueiro, cana, folhas e cascas de árvore. Materiais artesanais, de fontes locais e renováveis não têm impactos negativos sobre o ambiente.

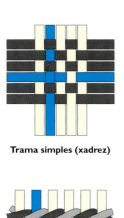

Trama simples (xadrez)

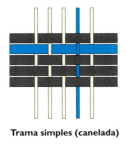

Trama simples (canelada)

Sarja

Trama torcida

Trama retorcida (invertida)

Trama espiralada

Informações essenciais

QUALIDADE VISUAL	●●●●○○○
CUSTO MONTAGEM	○○○○○○○
VELOCIDADE	●●●●○○○
CUSTO UNIDADE	●●●●●○○

Impactos ambientais por kg

ENERGIA	●○○○○○○
FONTES	●○○○○○○
POLUIÇÃO	○○○○○○○
RESÍDUO	○○○○○○○

Processos alternativos e concorrentes:
- Moldagem por injeção
- Moldagem por rotação
- Termoformagem

O que é cestaria?

Uma trama simples pode ser feita com palmeira, casca de bétula, folhas, bambu ou similares. A urdidura (fios verticais) e a trama (fios horizontais) são da mesma largura e cruzam-se em ângulos retos, passando alternadamente por cima e por baixo uma da outra, produzindo um padrão xadrez. Usando tiras rígidas na urdidura e tiras flexíveis na trama, produz-se a conhecida textura de cesta de salgueiro. Grupos de tramas podem ser unidos (imagem ao lado).

A trama de sarja também é uma técnica de 0° e 90°. Cada urdidura é passada sobre e embaixo de duas tramas e vice-versa. O padrão diagonal resultante é conhecido como sarjado.

A trama torcida usa tiras rígidas na urdidura. As tramas são agrupadas em duas ou três e torcidas em torno umas das outras enquanto passam alternadamente em cima e embaixo das urdiduras. A torção nas tramas também pode ser invertida em cada fileira, produzindo um resultado mais apertado.

A cestaria espiralada é feita laçando barbante ou corda. Tradicionalmente, são utilizados materiais flexíveis como algodão, salgueiro, ráfia e palha.

Cestaria 133

Notas para designers

QUALIDADE   Cestos são leves e duráveis. A qualidade visual depende em grande parte dos materiais, que, por sua vez, determinam as técnicas usadas. Materiais naturais possuem variação de aparência.

APLICAÇÕES   Cestos são usados para armazenamento, pescaria e embalagens. Outras aplicações incluem guarda-sóis, móveis (principalmente estofados e biombos), chapéus (como o famoso chapéu-panamá) e bolsas.

CUSTO E VELOCIDADE   Não há custo de ferramental, mas são usadas ferramentas manuais. O tempo do ciclo é de moderado a longo e o custo da mão de obra é de moderado a alto, dependendo do tamanho e do design.

MATERIAIS   Materiais adequados de fibras naturais incluem grama, folhas e cascas de árvore, vime, salgueiro, cana e bambu. Os materiais típicos dependem da localização. Por exemplo, o salgueiro é comum no Reino Unido, o bambu, na China, e a casca de bétula em países subárticos, como a Finlândia.

IMPACTOS AMBIENTAIS   Os materiais vegetais são colhidos de fontes locais e renováveis, e requerem transporte mínimo. A cestaria é feita à mão, por isso não há necessidade de usinagem que consuma energia. Os materiais naturais são biodegradáveis e não transmitem elementos nocivos ao ambiente.

Vara de salgueiro e cestos prontos   O salgueiro já foi muito comum no Reino Unido. É cuidado e colhido na primavera ou no inverno quando as varas chegam a 1,2 m de comprimento ou mais. Depois do corte, as varas são classificadas por comprimento. Os salgueiros marrons fornecem varas secas, usadas com a casca intacta. O salgueiro bege é fervido por várias horas e tem a casca removida. O salgueiro branco é descascado sem ferver. As varas são imersas em água por vários dias na preparação para a cestaria e depois guardadas em ambiente frio e úmido por um ou dois dias para "amadurecer".

Estudo de caso

Produção de cesto de salgueiro

Empresa English Willow Basketworks
www.robandjuliekingbasketmakers.co.uk

Embora haja um mercado global para os produtos de cestaria, é melhor adquirir material de fonte local e renovável (imagem **1**). Isso determina o tipo de material, a qualidade e o volume de produtos que podem ser feitos.

Tradicionalmente, os cestos são feitos para atender a uma necessidade específica; o design evoluiu como consequência disso. Primeiro é formada uma base redonda e forte com varas flexíveis e finas em torno de um arranjo de hastes mais grossas (imagem **2**). As "hastes" verticais são inseridas ao lado das hastes da base e flexionadas para cima, sustentadas por um anel (imagem **3**). Mais tramas de salgueiro são trançadas em torno das hastes. Os lados do cesto são então armados. O topo é finalizado com uma borda de hastes, que são dobradas para baixo e entrelaçadas na estrutura redonda (imagem **4**). Isso é conhecido como borda "comum". Finalmente, uma alça amarrada é formada e entrelaçada na borda (imagem **5**). Essa é uma construção robusta feita de um centro grosso envolto por hastes finas e flexíveis.

Processos

Moldagem a vapor

Combinada ao processo de encaixes em madeira, a moldagem a vapor é usada para dar forma curva à madeira para móveis, barcos e construções. A vantagem da técnica de moldagem a vapor em comparação à usinagem é que o grão corre continuamente ao longo do comprimento, utilizando a força inerente da madeira e minimizando o resíduo.

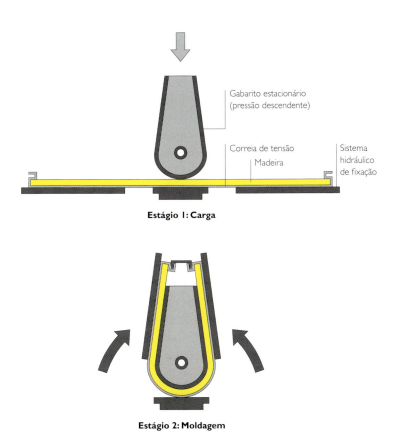

Informações essenciais

QUALIDADE VISUAL	●●●●●●○
VELOCIDADE	●●●●○○○
CUSTO MONTAGEM	●●●○○○○
CUSTO UNIDADE	●●●●●○○

Impactos ambientais por kg

ENERGIA	●●○○○○○
FONTES	●●○○○○○
POLUIÇÃO	●●●●●●●
RESÍDUO	○●●●●●●

Processos alternativos e concorrentes:
- Usinagem CNC
- Laminação de madeira

O que é moldagem a vapor?

A madeira é moldada à mão ou com uma prensa rotatória ou hidráulica. A moldagem manual pode ser usada para criar uma variedade de formas diferentes, mas o raio de curvatura e o diâmetro da madeira a ser curvada são limitados em comparação a processos assistidos por energia. A moldagem à mão também pode reduzir a energia requerida ("Cestaria", p. 132).

Todos os processos funcionam com o mesmo princípio: a estaca de madeira é amolecida por tratamento de vapor termomecânico. No estágio 1, a madeira é colocada na posição em um gabarito, e no estágio 2 ela é moldada em torno dele.

A umidade da madeira afeta o tempo necessário para o tratamento a vapor. Madeira "molhada" ou "verde", que não foi seca em forno – eliminando a energia associada – requer menos tratamento com vapor, mas leva mais tempo para secar.

Notas para designers

QUALIDADE Esse processo utiliza a resistência inerente da madeira porque o grão é formado na direção da curvatura. O comprimento do grão também afeta a resistência da madeira. Os processos que reduzem o comprimento do grão, como a usinagem, reduzem também a resistência à tração e à compressão. A madeira é um material naturalmente variável e não há duas peças iguais.

APLICAÇÕES Móveis, barcos, estruturas de edifícios e uma variedade de instrumentos musicais utilizam madeira moldada a vapor.

CUSTO E VELOCIDADE Os gabaritos são feitos normalmente de madeira serrada e não são caros. O tempo do ciclo de moldagem a vapor é bem lento: imersão (24 horas), vapor (entre 1 e 3 horas) e secagem final a 75 °C em forno (entre 24 e 48 horas). O custo da mão de obra é de moderado a alto em razão do grau de experiência necessária.

MATERIAIS A faia e o freixo são comuns em movelaria; o carvalho é comum na construção civil; o olmo, o freixo e o salgueiro são usados tradicionalmente na construção de barcos; e o bordo é usado em instrumentos musicais. Outras madeiras adequadas são a bétula, a nogueira, o lariço, o iroco e o álamo. O vime (palmeira) não é madeira, mas pode ser moldado a vapor.

IMPACTOS AMBIENTAIS A moldagem a vapor da madeira de uma fonte renovável é um processo de baixo impacto. Uma quantidade relativamente pequena de energia é necessária para produzir o vapor e abastecer o maquinário. Os gabaritos e o maquinário são duradouros e usados para produzir milhares de peças. Há pouco resíduo, que pode ser usado como biocombustível.

Estudo de caso

Moldagem hidráulica a vapor do banco Namoradeira

Empresa Ercol www.ercol.com

1

Lucian Ercolani projetou o banco Namoradeira em 1956. O assento é feito de olmo sólido, e o encosto, os eixos e os pés são de faia. A peça tem cor natural ou é pintada de preto (imagem **1**) (ver também "Revestimento a água", p. 158).

O freixo para o encosto é seco ao ar livre até a umidade ficar em torno de 25%, por isso ele permanece "verde" (não é seco em estufa). É cortado grosseiramente no sentido do comprimento, imerso em água e vaporizado a 104 °C em uma câmara de pressão a 0,6 bar por até 3 horas (imagem **2**). A madeira torna-se adequadamente maleável em razão de amolecimento da lignina, que mantém a celulose unida.

As faixas de madeira são levadas em grupos de quatro a uma prensa mecânica (imagens **3** e **4**). A força é aumentada gradualmente, e a madeira é curvada em torno do gabarito (imagem **5**). Uma correia de metal é usada para manter a curvatura, e as peças são removidas do gabarito dentro da moldura tensionada (imagem **6**). Elas são deixadas para secar e "endurecer" entre 24 e 48 horas. Mais tarde, são removidas, moldadas e montadas, com a utilização de uma variedade de técnicas de marcenaria (p. 142), criando o banco Namoradeira.

2

3

4

5

6

Moldagem a vapor 139

Estudo de caso

Moldagem manual da cadeira Evergreen

Empresa Ercol www.ercol.com

As cadeiras Evergreen têm encosto de faia curvada a vapor (imagem 1). A forma indica que esse design é baseado na tradicional cadeira inglesa Windsor, dos bosques Chiltern. Ela é produzida desde a década de 1950.

A moldagem a vapor depende de uma correia tensora, que é presa ao limite externo da madeira (imagem 2). A madeira é comprimida quando a lignina se torna plástica, mas quebra rapidamente se for estendida mais que 1% de seu comprimento. A correia tensora garante que a moldagem seja feita por compressão.

Além da correia tensora, a madeira é curvada manualmente em torno do gabarito (imagem 3). A moldagem manual é usada porque a madeira é curvada em mais de uma direção. Os carpinteiros trabalham em conjunto para manter uma força igual ao longo do comprimento e torcê-la enquanto mantêm a correia tensora ao longo da parte externa das formas moldadas. Isso ajuda a minimizar o recuo da forma e maximizar a força.

Uma vez moldada, a madeira é deixada no gabarito para endurecer (imagem 4). A peça é removida (imagem 5), moldada à mão com uma plaina (imagem 6) e lixada para um acabamento liso. Ela é montada (ver "Sambladura", p. 142) e está pronta para ser laqueada (imagem 7).

1

2

3

4

5

6

7

Moldagem a vapor 141

Processos

Sambladura

Móveis construídos com madeira de fontes renováveis que utilizam encaixes e adesivo à base de água são de alta qualidade, duradouros e podem ser consertados. A madeira pode ser deixada sem tratamento ou protegida com um revestimento à base de água. A pequena quantidade de resíduo é usada como biocombustível.

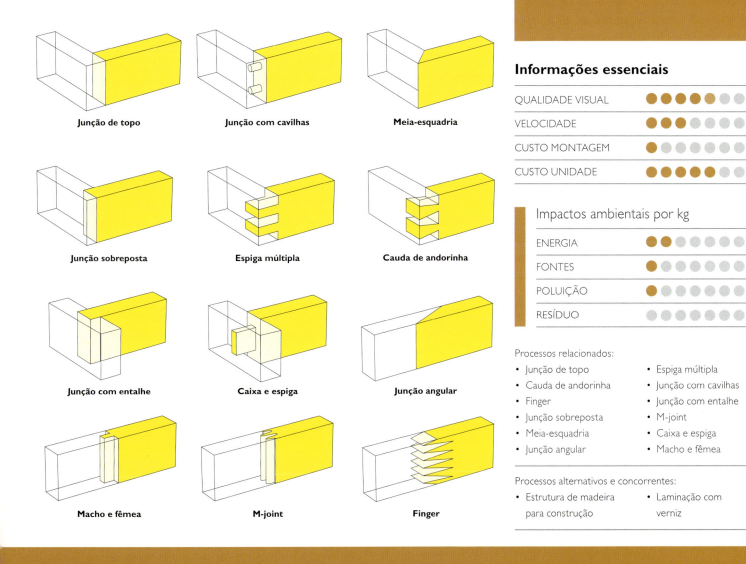

O que é samboladura?

As samboladuras, encaixes em madeira, são parte essencial da produção de móveis. Há um conjunto-padrão de articulações e muitas variações. Os tipos mais comuns de junção são: de topo, sobreposta, meia-esquadria, com entalhe, caixa e espiga (p. 146), M-joint, angular, macho e fêmea, espiga (p. 147), finger (p. 148) e cauda de andorinha (p. 144).

Há muitas variações: por exemplo, macho e fêmea ou caixa e espiga podem utilizar uma espiga (p. 150), que é uma peça separada. Em contraste, uma cunha que atravessa a peça pode ser inserida para dar mais resistência (p. 149).

Há muitos tipos de cola: o PVA é à base de água e atóxico, e o excesso de cola pode ser retirado do encaixe com um pano molhado. As alternativas são ureia-formaldeído (UF), duas partes de epóxi e resina de poliuretano (PUR).

Notas para designers

QUALIDADE   Os produtos têm características únicas associadas às qualidades da madeira. A qualidade de um encaixe depende muito de técnica e ele pode ser bem preciso, especialmente quando é empregada usinagem CNC.

APLICAÇÕES   Os encaixes em madeira são usados em indústria de produção de peças de madeira, como móveis e armários, construção civil, embalagens, construção de barcos e estamparia.

CUSTO E VELOCIDADE   Algumas aplicações exigem gabaritos, mas eles em geral custam pouco e são duradouros. O tempo do ciclo depende totalmente da complexidade do trabalho. O custo da mão de obra tende a ser bem alto, mas processos CNC reduzem esses custos para grandes volumes.

MATERIAIS   A madeira mais adequada para a marcenaria é a madeira serrada sólida (p. 56), como o carvalho, o freixo, a faia, o pinho e a bétula.

IMPACTOS AMBIENTAIS   A produção de encaixes de madeira normalmente exige a remoção de material e adição de cola. Porém, há bem pouco resíduo e ele pode ser incinerado como biocombustível (na Ercol o resíduo é incinerado e a energia é usada para aquecer a fábrica e fornecer água quente) ou usado em outros processos, como na produção de bioplástico (p. 24). Sistemas CNC modernos têm extração de serragem muito sofisticada. O uso de materiais locais de fontes renováveis ajuda a reduzir ainda mais os impactos ambientais. Energia e recursos são necessários para manter o maquinário e fornecer aquecimento e iluminação.

Estudo de caso

Cauda de andorinha e espiga em aparador Windsor

Empresa Ercol www.ercol.com

O aparador Windsor Ercol (imagem 1) é feito de olmo sólido. Tem encaixes em cauda de andorinha no armário e nas gavetas, e caixa e espiga nas parte verticais (p. 146). Encaixes em cauda de andorinha são parecidos com os encaixes finger (p. 148), mas são cortados com lados inclinados, o que aumenta a resistência do encaixe em certas direções. São especialmente úteis para gavetas, que são repetidamente puxadas e empurradas. Neste caso, elas são cortadas em um desbastador CNC (imagem 2) e têm uma depressão rasa que acomoda a parte adjacente (imagem 3).

1

2

A estrutura é montada e as partes verticais são presas com caixa e espiga (imagens 4 e 5). Ela é alisada com uma lixadeira de cinta (imagem 6) e as gavetas são montadas (imagem 7). Depois, a peça está pronta para receber o revestimento de verniz à base de água (p. 158).

3

4

5

6

7

Sambladura 145

Estudo de caso

Caixa e espiga

Empresa Ercol www.ercol.com

A junção caixa e espiga é utilizada para unir comprimentos de madeira perpendiculares. Há muitos tipos diferentes (ver uso de gabaritos e encaixes de espigas soltas em cadeira Katakana, p. 150).

A perna da cadeira é a espiga (imagem **1**) e o encaixe é a caixa (imagem **2**). O grão corre ao longo do comprimento da madeira (espiga), que é perpendicular ao comprimento de madeira no qual há o encaixe (imagem **3**). A força é maior na direção do grão.

As junções também podem ser cortadas em formas redondas. Para o braço dessa cadeira (imagem **4**), as espigas são cortadas nas pontas, e a caixa é cortada no grão (imagem **5**). As partes são montadas (imagem **6**), e os ombros dos pinos cortados encaixam-se perfeitamente na parte redonda (imagem **7**).

1

2

3

4

5

6

7

Estudo de caso

Espiga múltipla em gaveta

Empresa Ercol www.ercol.com

Encaixes de espiga múltipla (também chamados finger) são extremamente fortes. De fato, estão entre os únicos que não podem ser "desmontados" quando a cola começa a endurecer: isso porque a área de superfície é muito grande. Os encaixes são feitos por uma série de cortadores espaçados em um moldador de eixo e por um cortador giratório que dá forma a comprimentos ou pontas de madeira (imagem **1**).

Essa é uma articulação comum para caixas e gavetas. Os lados são montados (imagem **2**) e uma lixadeira de cinta é usada para dar acabamento nos dois lados simultaneamente (imagem **3**). O encaixe pronto exibe grão nas duas faces (imagem **4**).

Estudo de caso

Encaixe finger em assento de cadeira

Empresa Ercol www.ercol.com

Os encaixes finger são feitos em máquina e projetados para integrar comprimentos de madeira serrada de forma contínua. Eles maximizam a área de cola e a resistência da junção (imagens **1** e **2**). Uma vez montada e colada, a peça é desenhada por usinagem CNC. As camadas do encaixe são reveladas na face frontal, onde ele foi cortado em ângulo (imagem **3**). Assim é feita parte do assento da High Back Easy Chair (ver "Moldagem a vapor", p. 136).

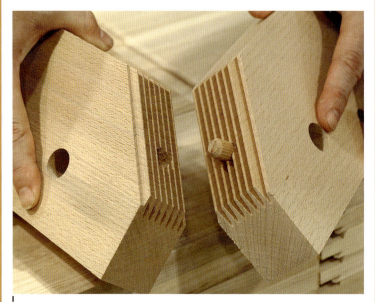

1

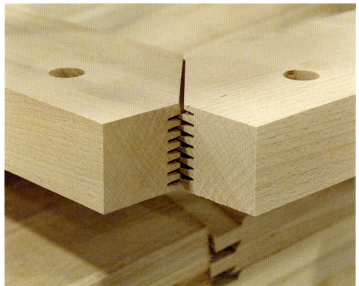

2

3

148 Processos

1

Estudo de caso

Encaixes com cunha em um descanso de braço

Empresa Ercol www.ercol.com

Caixa e espiga ou pinos que penetram e atravessam diretamente a peça podem ser ainda mais fortalecidos com a introdução de uma cunha de aperto na direção do grão. A junção consiste em um encaixe (cortado de lado a lado), uma espiga (com uma fenda) e uma cunha (imagem **1**).

A cola é aplicada, a espiga é inserida no encaixe e a cunha é introduzida (imagem **2**). Isso força a espiga a se abrir e preencher completamente o encaixe.

Quando a cola está seca o bastante, o material sobressalente é retirado e a madeira é lixada (imagem **3**). A cunha e o grão da espiga são visíveis na superfície do encaixe pronto (imagem **4**).

2

3

4

Sambladura | 149

Estudo de caso

Uso de gabaritos e encaixes de espigas soltas na cadeira Katakana

Empresa Dare Studio
www.darestudio.co.uk

Sean Dare projetou a cadeira Katakana para o Dare Studio em 2010. Ela é fabricada por Edwin Lock Furniture em carvalho sólido ou nogueira (imagem **1**). Os encaixes são complexos e únicos: nada é perpendicular. O carpinteiro habilidoso usa um desbatador portátil, chamado Domino, para cortar os encaixes. Esse é um sistema único de encaixe desenvolvido pela Festool. Usa espigas de faia pré-fabricadas que têm grande área de colagem e não podem ser rodadas (como um pino), produzindo um encaixe muito forte. O corte de dois encaixes cria menos resíduo que uma junção caixa e espiga convencional.

Cada peça é cortada e montada usando gabaritos para garantir precisão no corte e na colagem (imagem **2**). O desbastador produz um encaixe limpo e a espiga solta é colada no lugar (imagens **3**, **4** e **5**). Ele é montado e, após a secagem da cola, dá-se forma à peça (imagem **6**).

A parte de trás é montada da mesma maneira usando um conjunto de gabaritos, grampos e cintas (imagens **7** e **8**). Depois de juntar e revestir, a cadeira é estofada (imagem **9**).

1

2

3

4

5

6

7

8

9

Sambladura 151

Processos

Estofamento

É o processo de unir as partes dura e macia de uma peça de mobília e criar um artigo final. A maior parte de seu impacto ambiental está relacionada aos materiais utilizados – moldura de madeira serrada, molas de aço, tiras de tecido resistente, acolchoamento e revestimento.

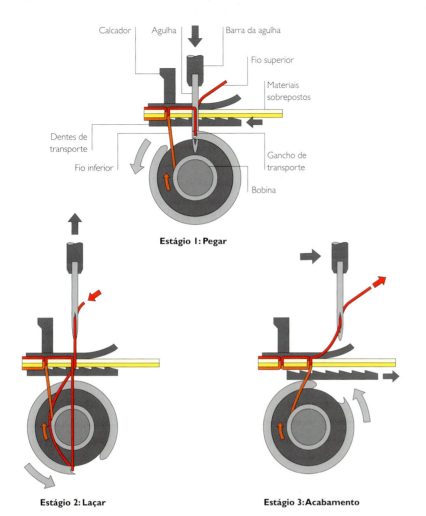

Estágio 1: Pegar

Estágio 2: Laçar

Estágio 3: Acabamento

O que é uma máquina de pesponto?

O pesponto é um processo mecanizado. A agulha e o gancho de transporte são sincronizados por uma série de engrenagens e eixos, que são movidos por um motor elétrico. No estágio 1, o fio superior é levado através do tecido pela agulha, e o fio inferior é enrolado em uma bobina. A agulha perfura as camadas de material e para momentaneamente. No estágio 2, um gancho de transporte giratório pega o fio superior. O gancho de transporte laça por trás o fio inferior, que é mantido sob tensão na bobina. No estágio 3, enquanto o gancho continua a girar, a tensão é aplicada ao fio superior, que é puxado com firmeza e forma o próximo ponto. Enquanto isso, os dentes de transporte progridem, pegam o tecido e o colocam no lugar para a próxima descida da agulha. O tecido é sustentado entre o calcador e os dentes de transporte. As máquinas de costura industriais podem repetir essa sequência mais de 5 mil vezes por minuto.

Estofamento 153

Notas para designers

QUALIDADE   Os materiais selecionados para moldura, molas, tiras de tecido, acolchoamento e revestimento afetam a aparência e a durabilidade. O estofamento é um processo complexo e não há duas peças de mobília feita à mão que sejam exatamente iguais, por isso a qualidade final depende em grande parte da habilidade e da experiência do estofador.

APLICAÇÕES   Móveis e interiores como os de carros e barcos.

CUSTOS E VELOCIDADE   Pode haver a necessidade de gabaritos. O tempo geral do ciclo é razoavelmente longo por causa da quantidade – e da complexidade – das operações. Os custos de mão de obra são relativamente altos.

MATERIAIS   Qualquer tecido pode ser usado para estofamentos. A localização das aplicações – por exemplo: casa, escritório ou automóvel – determina os tipos mais adequados. Entre os tecidos com alta resistência estão a lã, a poliamida (PA), o nylon, o poliéster, o poliuretano termoplástico (TPU), o cloreto polivinílico (PVC) e o polipropileno (PP). Outros materiais adequados são o couro, os flocos de lã, a ráfia, o mohair, o algodão e a lona.

IMPACTOS AMBIENTAIS   O estofamento é o conjunto de muitos processos diferentes e, por consequência, um sofá típico inclui diferentes materiais que têm várias implicações ambientais. Garantir que cada material é de fonte local e renovável diminui o impacto ambiental. A durabilidade é determinada pela parte menos forte na construção: moldura, acolchoamento ou revestimento.

Muito mais resíduo é produzido quando o estofamento é de couro, que também é mais caro. De tecido, as formas maleáveis podem ser encaixadas com muita eficiência, produzindo apenas 5% de resíduo, enquanto o couro pode ter muitas imperfeições que provocam até 20% de resíduo.

Sofá Oscar   Matthew Hilton projetou o sofá Oscar em 2010. Ele é feito para durar e é razoavelmente leve. A combinação de moldura de madeira de lei de fonte europeia, estrutura de tiras de juta, correias de juta, pelo animal, fibras naturais e cobertura de lã faz deste um produto cuja fabricação tem baixo impacto.

Estudo de caso

Produção da estrutura de madeira para o sofá Oscar

Empresas Coakley & Cox
www.coakleyandcox.co.uk e
SCP www.scp.co.uk

A moldura e a estrutura interna de madeira são uma combinação de compensado (p. 68) e madeira serrada de faia. Os laminados de madeira de faia são usados nos braços e cortados em torno de um perfil (imagem **1**). Uma variedade de técnicas de encaixe (p. 142) é usada para montar a sólida moldura de madeira. Os encaixes colados são reforçados com pinos e placas de metal corrugado (imagens **2** e **3**). A placa de metal garante que a junção permaneça firme enquanto a cola endurece.

As pernas de trás são coloridas com substância cor de nogueira (imagem **4**), e a moldura está pronta para receber o estofamento (imagem **5**) (p. 156).

1

2

3

4

5

Estudo de caso

Estofamento do sofá Oscar

Empresas Coakley & Cox
www.coakleyandcox.co.uk e
SCP www.scp.co.uk

A base da moldura, onde ficará o assento, é reforçada com rede elástica (imagem 1), e a do encosto é coberta com molas de aço. As camadas da tela de juta e a lã do estofamento (p. 84) são grampeadas à moldura. Alternativas à lã incluem chita (algodão de trama simples) e tecido de polietileno tereftalato (PET), conhecido como Dacron®. Onde for necessário, uma barreira fina de estofamento antichamas é grampeada à moldura de madeira. Ela é coberta na área do assento com o revestimento pronto, que é costurado ao tecido de algodão preto da base. O estofamento é um processo altamente especializado: o artesão marca e corta o material do miolo e da cobertura para encaixar cada parte individualmente (imagem 2).

Nos braços coloca-se a rede de juta (p. 95), depois eles são envolvidos com fibra de coco coberta com látex (ver "Borracha natural", p. 36) e chita, produzindo apoios de braço resistentes com uma camada externa estofada (imagens 3 e 4).

A cobertura de lã é marcada com estêncil e cortada (imagem 5). Cada um dos painéis é costurado do avesso (imagem 6), de forma que, quando é revertido no sofá, a costura e o excesso de material fiquem escondidos do lado de dentro (imagem 7). O encosto tem um forro de alças costuradas (imagens 8 e 9), permitindo que a lã seja puxada com firmeza contra o miolo. Isso dá a aparência de encosto abotoado sem que haja botões.

1

2

3

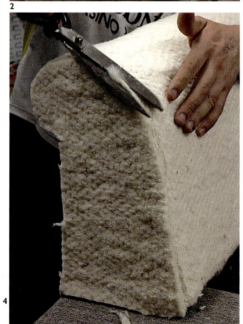
4

5

Estofamento 157

Processos

Revestimento a água

Produtos à base de água são aplicados por spray, imersão ou pintura. As tintas à base de água são uma emulsão de polímero acrílico ou látex dissolvida em água. Comparando aos produtos com solvente, os com água são duráveis, econômicos, não tóxicos, têm boa qualidade visual e podem reduzir emissões prejudiciais em 95%.

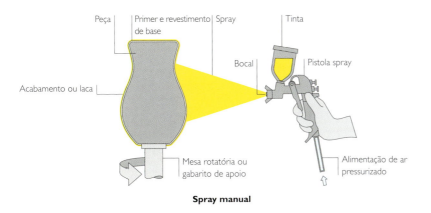

Spray manual

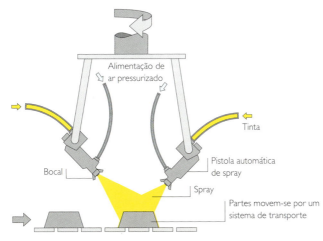

Spray automatizado

Informações essenciais

QUALIDADE VISUAL	●●●●●○○
VELOCIDADE	●●●●○○○
CUSTO MONTAGEM	●●○○○○○
CUSTO UNIDADE	●●●○○○○

Impactos ambientais por kg

ENERGIA	●○○○○○○
FONTES	●●○○○○○
POLUIÇÃO	●○○○○○○
RESÍDUO	●●○○○○○

Processos relacionados:
- Revestimento por imersão
- Revestimento em spray

Processos alternativos e concorrentes:
- Revestimento em pó
- Revestimento à base de solvente

O que é revestimento em spray?

Pistolas de spray usam um jato de ar comprimido para atomizar a tinta em uma névoa fina. A tinta atomizada é soprada pelo bocal em forma elíptica. O revestimento é aplicado à superfície em um padrão de sobreposição. A velocidade da transportadora, ou do gabarito giratório, é otimizada com a velocidade da pintura, obtendo eficiência máxima.

O revestimento em spray é um processo manual que pode ser automatizado para a produção em massa.

O revestimento manual é um processo altamente especializado e é mais versátil para pinturas difíceis e peças grandes.

Os sistemas automatizados são rápidos, e a produção é contínua. Ou os produtos movem-se por uma esteira transportadora e passam por baixo de pistolas de spray móveis, ou são empilhados em um gabarito giratório e revestidos por pistolas de spray estáticas.

Notas para designers

QUALIDADE O acabamento pode ser de altíssima qualidade e depende em grande parte da condição da superfície antes do revestimento e da habilidade do operador. Uma superfície bem--pintada é quase sempre obtida com a aplicação de mais de uma camada. O nível de brilho do revestimento é categorizado como mate (também conhecido como casca de ovo), semibrilho, acetinado (também conhecido como seda) e brilho.

APLICAÇÕES Revestimentos à base de água têm sido usados para proteção e acabamento de peças automotivas, mobília e brinquedos.

CUSTO E VELOCIDADE É possível que haja necessidade de gabaritos para sustentar as peças. O tempo do ciclo é bom, mas depende do tamanho, da complexidade e do acabamento da peça. Os custos de mão de obra são altos no processo manual.

MATERIAIS Muitos tipos de madeira, metal e plástico podem ser recobertos com produtos à base de água. Há diversas tintas, e elas têm níveis de impacto ambiental variáveis. Algumas superfícies exigem uma cobertura intermediária, que é compatível tanto com a peça pintada como com o revestimento final.

IMPACTOS AMBIENTAIS A adoção de sistemas de revestimento à base de água tem sido incentivada – ou imposta em alguns ramos – por legislação. Sistemas de pintura tradicionais à base de solvente têm impacto significativo no ambiente, incluindo emissões de composto orgânico volátil (COV) durante a aplicação e aditivos tóxicos que são prejudiciais em uso (em termos de qualidade do ar em ambiente fechado). Mas como há muitas tintas, é preciso ter cuidado, avaliar a lista completa de ingredientes de cada uma e certificar-se de que o revestimento terá bom desempenho no ambiente e será menos prejudicial que alternativas à base de solvente.

Estudo de caso

Pintura spray do Ninho de Mesas Ercol

Empresa Ercol www.ercol.com

1

Lucian Ercolani, fundador da Ercol, desenhou o Ninho de Mesas em 1956. Elas são feitas de madeira sólida serrada – com tampo de olmo e pés de faia – e atualmente são fabricadas com usinagem CNC e encaixes de madeira (p. 142).

A Ercol usa somente acabamentos à base de água. O lado de baixo é revestido primeiro (imagem **1**), depois as superfícies externas (imagens **2** e **3**). Após cada demão, a tinta de base acrílica é seca em forno de túnel (imagem **4**). A temperatura de secagem varia de acordo com a estação – de 20 °C no verão a 35 °C no inverno – e leva cerca de 7 minutos. Acelerar o processo de secagem melhora a eficiência e reduz o risco de poeira ou outra contaminação da superfície.

Tintas à base de água são feitas de pigmento, fixador e aditivos, que são dispersos ou dissolvidos em água. Durante a aplicação a água evapora, fazendo a tinta secar e o pigmento e o fixador aderirem à superfície. O elevado conteúdo de água faz a superfície da madeira inchar ligeiramente, o que eleva o grão. Ele tem que ser baixado manualmente com uma esponja abrasiva (imagem **5**). Nesse caso, são necessárias duas demãos.

O revestimento não tem que cobrir completamente a madeira: o grão e os encaixes são visíveis através da pintura (imagem **6**).

Revestimento a água 161

Estudo de caso

Pintura de cadeira Quaker com laca tingida

Empresa Ercol www.ercol.com

Assento, encosto e pés de freixo são moldados e montados na fábrica. Uma vantagem do revestimento à base de água é que pode ser feito no mesmo espaço onde são feitos o corte e os encaixes de madeira – porque não há vapores desagradáveis e essas tintas não são inflamáveis.

A pintura em spray é um processo com boa "linha visual". A cadeira é posta sobre uma mesa rotatória, que permite que o pintor tenha acesso a todos os lados e ângulos do objeto (imagem **1**).

A mancha à base de água é limpa com um pano, e a madeira é preparada para a laca (imagem **2**). Como a tinta spray colorida (p. 160), a laca é à base de acrílico. Porém, ela é transparente, ou tingida apenas com pigmento, de forma que a cor natural da madeira seja visível através do revestimento.

Quando a primeira demão estiver seca o suficiente, a superfície é lixada com papel abrasivo (imagem **3**). Isso nivela o grão, que subiu por causa da absorção de água durante a pintura.

A segunda e última demão é aplicada (imagem **4**). As áreas mais escuras em torno dos encaixes e das beiradas são criadas pela aplicação de uma cor mais escura sobre a cor base antes da laca. As cadeiras passam pelo forno de túnel para secar o revestimento (imagem **5**). A superfície é ligeiramente lixada (imagem **6**) e encerada à mão para produzir um acabamento brilhante e resistente. A variação de tom é claramente visível na cadeira pronta (imagem **7**).

1

2

3

4
5
6
7

Revestimento a água 163

O que é revestimento por imersão?

A imersão em tanque de tinta líquida pode ser manual ou automatizada. É um processo rápido usado para recobrir partes com geometria simples – isto é, sem depressões ou cavidades.

Na operação, a peça é mergulhada no revestimento líquido, removida e deixada para secar. A espessura do revestimento depende da viscosidade e da densidade do líquido e do tempo de imersão. O operador não precisa ser altamente especializado, como no caso da pintura em spray (p. 162).

Revestimento por imersão com produtos à base de solvente gera quantidades mais altas de COV em comparação ao spray e oferece risco de incêndio por causa da grande área de líquido exposta à atmosfera. Sistemas à base de água não emitem COV nem apresentam risco de incêndio.

A última demão de tinta não é aplicada por imersão se a qualidade do acabamento for crítica. Isso acontece porque o resultado final não é bom como o do revestimento em spray.

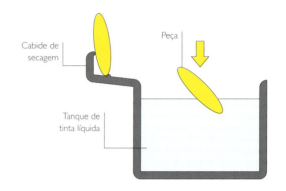

Variedade de cores de laca Há muitos tipos, cores e intensidades de laca que podem ser aplicados, variando do claro ao escuro e do mate ao brilho. Ela é usada para proteger a superfície, melhorar a resistência à luz ultravioleta (UV), enfatizar o grão da madeira e seus padrões naturais, personalizar a cor e graduar o brilho. A concentração de pigmento e tinta afeta a opacidade do revestimento.

Clear – Marfim
Light – Claro
Straw – Palha
Golden Dawn – Castanho
Fruitwood – Marrom
Traditional – Tabaco
Clear Matt (oak only) – Fosco (carvalho)

Estudo de caso

Pintura por imersão de cadeira Butterfly

Empresa Ercol www.ercol.com

O olmo sólido é laminado em uma forma curva para o assento e o encosto da cadeira (imagem **1**). A imersão é um método rápido e eficiente para aplicar a tinta à base de água nessa geometria simples e aberta.

As partes são mergulhadas individualmente (imagem **2**) e secas em cabides para deixar escorrer de volta ao tanque o excesso de tinta. Elas são então limpas à mão (imagem **3**). As partes pintadas são empilhadas (imagem **4**) e secas em um forno túnel. São montadas com os pés de faia e pintadas por spray com duas demãos de verniz transparente (imagem **5**). Lançada em 1958, a cadeira Butterfly foi desenhada por Lucian Ercolani.

1

2

3

4

5

Processos

Eletropolimento

Uma alternativa econômica para a cromagem com aço inoxidável, o eletropolimento remove ondulações da superfície e produz acabamento durável e de alto brilho. O processo inteiro acontece em um banho de solução, o que significa que partes pequenas, complexas, grandes e tubulares são igualmente passíveis de polimento.

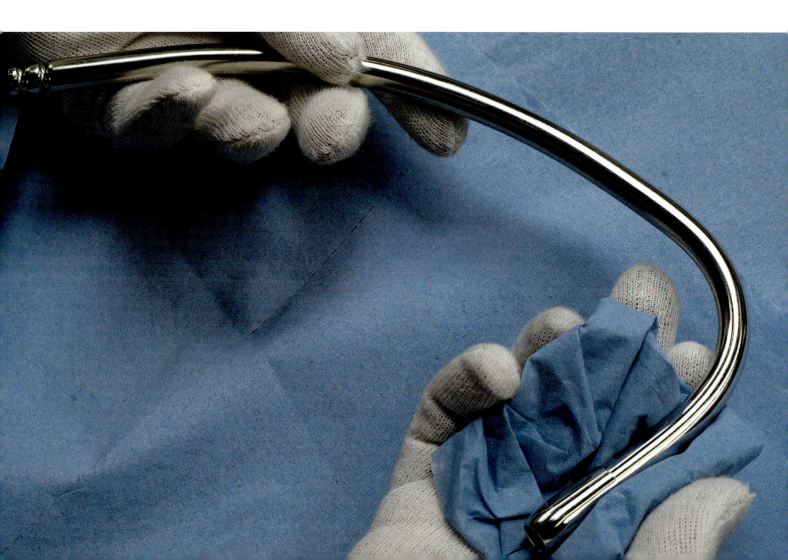

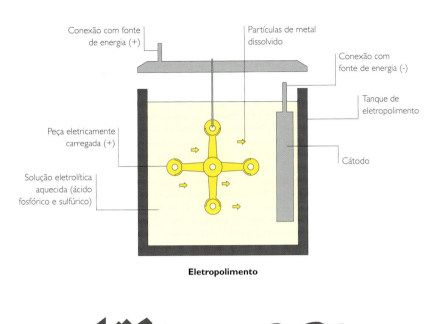

Eletropolimento

Detalhe microscópico da superfície — Antes / Depois

Informações essenciais

QUALIDADE VISUAL	●●●●●○○
VELOCIDADE	●●●●●○○
CUSTO MONTAGEM	●○○○○○○
CUSTO UNIDADE	●●●○○○○

Impactos ambientais por kg

ENERGIA	●●●○○○○
FONTES	●●○○○○○
POLUIÇÃO	●○○○○○○
RESÍDUO	●○○○○○○

Processos alternativos e concorrentes:
- Polimento mecânico
- Metalização

O que é eletropolimento?

O processo acontece em um banho de solução de eletropolimento (ácido sulfúrico e fosfórico), entre 50 °C e 90 °C, dependendo do ritmo de reação (quanto mais quente a solução, mais rápida a reação). A peça é suspensa por um gabarito eletricamente carregado e torna-se o ânodo (+). O cátodo (-) é feito do mesmo material e é colocado na solução de eletropolimento.

Quando uma corrente elétrica é transmitida entre o cátodo e a peça, a solução de eletropolimento dissolve as partículas de metal da superfície da peça. O detalhe da superfície ilustra como a dissolução acontece mais rapidamente nos picos, porque é onde a densidade da força é maior. Os pontos baixos são dissolvidos mais lentamente e, assim, a superfície do material é alisada gradualmente.

Notas para designers

QUALIDADE   A remoção de material fica, tipicamente, entre cinco e dez mícrons, embora seja possível remover um excesso de cinquenta mícrons. A qualidade final depende em grande parte do acabamento da superfície original e do tempo de eletropolimento. O acabamento é limpo, higiênico e mais resistente à corrosão.

APLICAÇÕES   Entre os produtos estão metalurgia arquitetônica, movelaria, aplicações industriais, farmacêuticas e alimentícias.

CUSTO E VELOCIDADE   Os custos de montagem limitam-se aos gabaritos. O tempo do ciclo é bom e o custo de mão de obra é baixo. Esse processo é de 50% a 75% mais barato que a metalização.

MATERIAIS   Usado principalmente para dar acabamento em aço inoxidável, mas pode ser usado em todos os metais.

IMPACTOS AMBIENTAIS   Os benefícios são triplicados: pode substituir a cromagem (que usa produtos químicos restritos com alto risco para a saúde do operador), a durabilidade da superfície do material é melhorada e é um processo subtrativo, sem adição de outros materiais (que podem descamar ou desgastar com o tempo).

A solução química deve ser completada periodicamente, mas aproximadamente 25% dela pode ser reutilizada todos os anos. Os produtos químicos são bem menos prejudiciais ao operador, e o resíduo resultante é mais facilmente tratado em comparação a outros processos de acabamento do metal.

Superfície funcional e estética   O processo dissolve ferro com mais facilidade que outros elementos metálicos, e esse fenômeno significa que aços inoxidáveis eletropolidos têm uma camada rica em cromo na superfície. Essa camada protege o aço de corrosão porque reage com oxigênio formando óxido de cromo, que neutraliza a superfície e a torna menos reativa aos elementos da atmosfera. Além de proteger o aço, a camada de cromo pode ser tão brilhante que dá a ilusão de cromagem.

Gabaritos   As peças são suspensas nos banhos de eletropolimento presas por gabaritos. O desenho do gabarito é crítico para garantir remoção regular da superfície e permitir que o líquido escorra rapidamente, reduzindo a contaminação entre os banhos.

Estudo de caso

Eletropolimento de metal

Empresa Firma Chrome
www.firma-chrome.co.uk

Os anéis de aço inoxidável são moldados e montados sem acabamento de superfície. Um dos benefícios do eletropolimento é que a solução líquida chega a todas as partes de uma montagem tão complexa (imagem **1**).

Os anéis são montados em cabides em uma moldura giratória (imagem **2**). As peças são mergulhadas em uma sequência de banhos: polimento, neutralização e enxágue. O eletropolimento leva mais ou menos dez minutos, quando as peças são eletricamente carregadas. A solução ácida verde escorre das peças quando elas são removidas do tanque (imagem **3**). Elas são lavadas pela última vez para remover qualquer contaminação (imagem **4**).

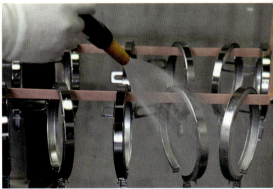

Eletropolimento 169

Processos

Risografia

O processo de impressão com estêncil duplicador de alta velocidade e baixo custo é normalmente chamado risografia, ou Riso, mesmo nome do fabricante japonês. As impressoras Riso usam tintas de soja, são eficientes em termos de energia, operam em temperatura ambiente e não criam subprodutos danosos.

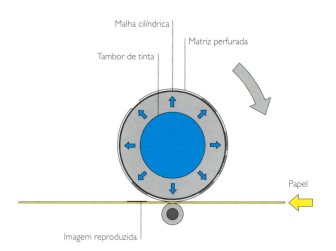

Informações essenciais

QUALIDADE VISUAL	●●○○○○○○
VELOCIDADE	●●●●●○○○
CUSTO MONTAGEM	●○○○○○○○
CUSTO UNIDADE	●●○○○○○○

Impactos ambientais por kg

ENERGIA	●●○○○○○○
FONTES	●○○○○○○○
POLUIÇÃO	●○○○○○○○
RESÍDUO	●●○○○○○○

Processos alternativos e concorrentes
- Litografia offset
- Serigrafia

O que é risografia?

Como a serigrafia (p. 174), esse é um processo de impressão com estêncil. A matriz é produzida com um laminado fino de papel plástico. Ela é criada a partir de um arquivo digital ou por escaneamento de um original. As áreas da imagem são gravadas na camada plástica, e a matriz é enrolada no tambor.

Os recipientes de tinta são levados para dentro do cilindro em torno do qual a matriz foi enrolada. Quando o cilindro gira em alta velocidade, a tinta é pressionada contra a malha por um rolo interno que espreme o papel contra outro rolo do lado de fora do tambor.

O papel é posicionado na localização da matriz e passa por baixo dela. A tinta é aplicada à superfície. As impressoras modernas podem reproduzir até 150 páginas por minuto (ppm). Cada cor exige sua própria matriz. As impressoras são de uma ou duas cores; se mais cores forem necessárias, os tambores de tinta são mudados, e o papel passa pela máquina novamente.

Notas para designers

QUALIDADE O registro não é perfeito (abaixo), e a impressão com estêncil duplicador é diferente por causa da matriz de papel perfurado. As tintas são brilhantes e podem ser fluorescentes.

APLICAÇÕES Usada para produzir panfletos de baixo custo, pôsteres, papel timbrado, livros, fanzines, arte e revistas.

CUSTO E VELOCIDADE O tempo do ciclo é de até 150 páginas por minuto. O custo da matriz é baixo. Geralmente o processo é barato, mas é menos econômico que a litografia (p. 181) para grandes volumes.

MATERIAIS Papel.

IMPACTOS AMBIENTAIS As impressoras Riso usam 95% menos energia que as impressoras a laser porque não precisam de calor para espalhar tinta sobre a página. Não produzem poluentes do ar, como partículas de tinta e pó de sílica. Não é necessária limpeza química, porque a matriz é descartável.

A tinta de soja é mais barata e consome menos energia para ser produzida do que tinta à base de derivados de petróleo, e contém menos compostos orgânicos voláteis. É necessária uma pequena quantidade de tinta, que é de fácil remoção na etapa de retirada de tinta na reciclagem do papel. Porém, a fonte é crítica, porque pode afetar a produção de alimento e elevar os preços na região.

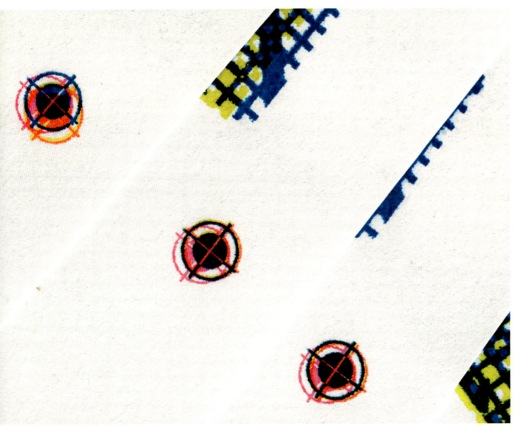

Marcas de registro O registro não é preciso em impressão multicolorida, mas isso pode ser minimizado por um operador habilidoso. Contornos pesados ajudam a reduzir o impacto visual do alinhamento imperfeito, que pode ser usado como uma vantagem artística, diferenciando esse processo da produção automatizada de grandes volumes, como a litografia offset.

As cores podem ser sobrepostas e não são prejudicadas por impressão secundária com outro processo, como impressão digital.

Estudo de caso

Impressão de pôster da Wolff Olins

Empresa Ditto Press www.dittopress.co.uk

Jack Gilbey desenhou este pôster para uma exposição de trabalhos de Geetika Alok, Charlotte Coulais, Jack Gilbey e Hiromi Suzuki da Wolff Olins (imagem **1**).

A cor é inserida em cada tambor de tinta (imagem **2**). A tinta é posta dentro do tambor e a matriz é enrolada em torno da tela cilíndrica automaticamente. Depois de cada projeto a matriz é descartada. A impressão usa o mínimo de material, mas que é difícil de reciclar porque é um laminado de papel e plástico.

Os tambores de tinta são intercambiáveis (imagem **3**), por isso podem ser usados para a aplicação de qualquer quantidade de cores: depois que as duas primeiras cores são impressas nessa impressora de duas cores, os tambores de tinta são trocados, e as outras duas são aplicadas para produzir a impressão final (imagem **4**).

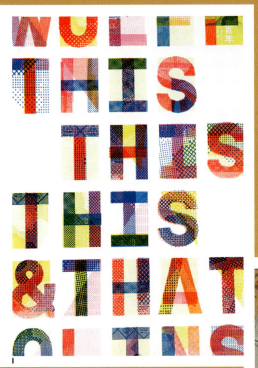
1

2

3

4

Risografia

Processos

Impressão a água

O uso de tintas à base de água reduz o impacto ambiental da serigrafia. Elas não contêm produtos químicos prejudiciais, solventes ou plásticos e podem ser removidas com água. Podem ser impressas em papel, metal e têxteis. Neste caso, substituem a tinta plastisol, que contém cloreto polivinílico (PVC).

Estágio 1: Carga

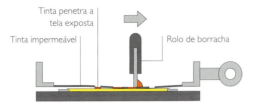

Estágio 2: Impressão com tela

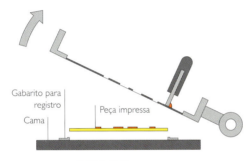

Estágio 3: Descarga

Informações essenciais

QUALIDADE VISUAL	●●●●●●○
VELOCIDADE	●●●●○○○
CUSTO MONTAGEM	●○○○○○○
CUSTO UNIDADE	●●●●○○○

Impactos ambientais por kg

ENERGIA	●○○○○○○
FONTES	●●○○○○○
POLUIÇÃO	●●○○○○○
RESÍDUO	●○○○○○○

Processos relacionados:
- Serigrafia
- Serigrafia em têxteis

Processos alternativos e concorrentes:
- Impressão digital
- Impressão com transfer

O que é serigrafia à base de água?

Esse é um processo de impressão com líquido e é igual para todos os tipos de tinta: uma carga de tinta é depositada sobre a tela, e um rolo de borracha espalha a tinta de maneira uniforme sobre ela. As áreas protegidas pelo filme impermeável (estêncil) não são impressas.

As telas são feitas com uma moldura na qual é encaixada uma rede leve. No estágio 1, a tela é colocada sobre a superfície do material. No estágio 2, o rolo é passado sobre a tela, forçando-a contra a superfície do material. A tinta então passa pelas áreas que não estão cobertas. A tela está sob tensão, por isso se afasta do material impresso. Isso evita que a tinta borre e se misture. No estágio 3, a impressão pronta é removida.

Notas para designers

QUALIDADE   A serigrafia produz gráficos com contornos limpos. A definição de detalhes e espessura da tinta impressa é determinada pelo tamanho da tela (bitola) usada na moldura. As bitolas mais pesadas depositam mais tinta, mas têm menor resolução de detalhes.

APLICAÇÕES   A serigrafia é usada para reproduzir trabalhos de arte, gráficos de exposição e papel timbrado, e para produtos têxteis como bolsas, roupas e tecidos para uso em interiores.

CUSTO E VELOCIDADE   Os custos de montagem são baixos, mas dependem da variedade de cores, porque é preciso uma tela individual para cada uma. A serigrafia à base de água é adequada para volumes baixos e produção em massa. Os custos de mão de obra são de moderados a altos para processos manuais.

MATERIAIS   Diversos materiais podem ser impressos por serigrafia, inclusive plástico, borracha, metal, cerâmica e vidro. Tintas à base de água, porém, não podem ser usadas em todos eles, então é preciso verificar a compatibilidade.

IMPACTOS AMBIENTAIS   Tintas à base de água contêm menos ingredientes prejudiciais do que os equivalentes à base de petróleo. Depois da impressão, a tinta é lavada da tela com água, e os sólidos são separados antes de entrar no sistema de esgoto. Já resíduos de tintas à base de petróleo podem ser descartados de acordo com regulamentações de resíduos perigosos.

Detalhe e meio-tom   Gradientes são produzidos pela redução da área de tinta a pontos, conhecidos como meio-tom. Com a redução da concentração de pontos para cada cor, a cor visível muda. Essa técnica é usada em toda a impressão, e os pontos são visíveis de perto.

O tamanho da malha afeta a qualidade do meio-tom. Ele é determinado pela quantidade e pelo diâmetro de fio (pequeno, pesado ou médio). Detalhes finos exigem alta contagem de fios e pequeno diâmetro de fio. O uso de malhas mais apertadas reduz a quantidade de tinta aplicada e pode afetar a opacidade da impressão.

Este desenho foi elaborado por Kiosk para o Nottdance 07 Festival, produzido por Dance 4. A impressão foi feita em algodão orgânico.

1

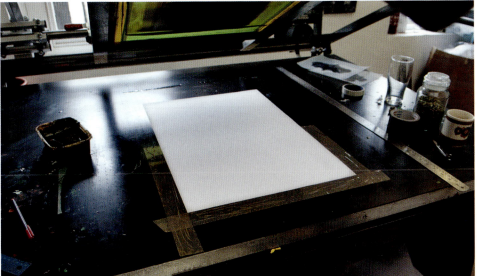

2

Estudo de caso

Impressão de pôster com serigrafia

Empresa | Dress Myself
www.idressmyself.co.uk

A tela é posicionada com a matriz (imagem **1**) na cama de serigrafia. Ela é coberta com imagens deixadas por impressões anteriores. As telas são recicladas com a dissolução do filme impermeável da tela, que é recoberta com emulsão.

O pôster é levado à cama e posicionado (imagem **2**). Toda impressão na I Dress Myself é feita à mão. A tela é baixada sobre o pôster, e a tinta é espalhada sobre a malha com um rolo (imagem **3**). A cor da tinta é semelhante à cor da máscara de emulsão na tela.

Os pôsteres são cuidadosamente levados para secar em prateleiras (imagem **4**). Tintas à base de água levam várias horas para secar, a menos que contenham cossolventes que reduzam o tempo de secagem.

3

4

Impressão a água 177

Cor No passado, o uso de tintas à base de água era limitado à impressão de têxteis com cores leves. Progressos recentes viabilizaram tintas mais opacas, com consistência mais espessa e cores intensas e fluorescentes adequadas à impressão de cores escuras. Isso tem criado desenhos como o de Alun Edwards para a Multiple.

Manuseio Essa bolsa da Timo Juntto para a Fuga tem grande área de impressão. Diferentemente das tintas plastisol, as tintas à base de água não afetam o manuseio (toque) do tecido – e cores mais leves afetam ainda menos.

Estudo de caso

Impressão de camiseta em duas cores

Empresa I Dress Myself
www.idressmyself.co.uk

Criada por Elliot Baddeley e Dryden Williams para a Valley Clothing, as tintas são misturadas de acordo com a matriz (imagem **1**). Uma camiseta branca é esticada sobre a cama de serigrafia no carrossel (imagem **2**), que é girado após cada estágio de impressão.

O rosa é aplicado, depois o azul (imagens **3** e **4**), e a impressão é verificada contra a matriz (imagem **5**). O efeito manchado é produzido usando meio-tom.

As camisetas impressas passam por um aquecedor a 270 °C, por um ou dois minutos. Esse processo evapora toda a água, secando totalmente a tinta (imagem **6**).

É preciso tomar cuidado para garantir que tintas à base de água não sequem nas telas: elas entupiriam os furos e estragariam a tela. Para garantir que isso não aconteça, as telas devem ser lavadas depois de cada impressão (imagem **7**). Isso também é válido se um trabalho de impressão dura mais que um dia: as telas precisam ser lavadas no fim de cada dia. Na I Dress Myself a água passa por um filtro de cascalho e calcário antes de entrar no sistema de esgoto.

1

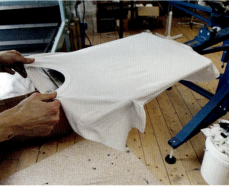

2

3

4

5

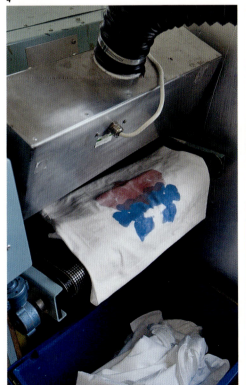

6

7

Impressão a água 179

Processos

Impressão sem água

A técnica sem água é um processo de impressão de alta qualidade muito semelhante à litografia offset. Porém, o impacto ambiental desse processo é significativamente menor: água, compostos orgânicos voláteis (COV), produtos químicos e resíduos são muito reduzidos, e a velocidade de impressão é maior.

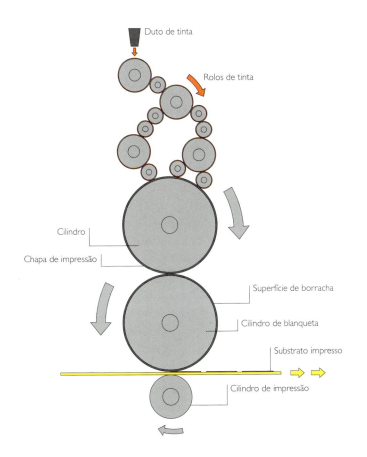

Informações essenciais

QUALIDADE VISUAL	●●●●●●●
VELOCIDADE	●●●●●●○
CUSTO MONTAGEM	●●●●○○○
CUSTO UNIDADE	●●○○○○○

Impactos ambientais por kg

ENERGIA	●●○○○○○
FONTES	●●○○○○○
POLUIÇÃO	●○○○○○○
RESÍDUO	●●○○○○○

Processos relacionados:
- Impressão planográfica
- Impressão rotativa

Processos alternativos e concorrentes:
- Flexografia
- Risografia
- Serigrafia

O que é impressão litográfica sem água?

A litografia offset convencional baseia-se no princípio de que óleo e água não se misturam. As áreas sem imagem na chapa de impressão absorvem a água, enquanto as áreas de imagem repelem. Na impressão sem água, esta é substituída por uma camada de silicone na chapa de impressão. As áreas de imagem na chapa são raspadas revelando a camada plástica receptiva à tinta embaixo delas.

A tinta é transferida para a superfície de borracha no cilindro de blanqueta, que é pressionado contra o papel enquanto roda, criando uma impressão forte e bem-definida.

Uma desvantagem de remover a água é que as chapas e os cilindros aquecem. Sistemas de resfriamento são necessários para manter a temperatura entre 21 °C e 29,4 °C.

Impressão sem água 181

Notas para designers

QUALIDADE A impressão sem água produz impressões de altíssima qualidade com cor consistente, saturação muito boa (a densidade da tinta é 20% maior que a da litografia offset convencional) e baixa percepção de pontos de impressão (abaixo).

APLICAÇÕES Embalagens, rótulos, livros, revistas, jornais e produtos similares.

CUSTO E VELOCIDADE Os custos de preparação são altos – um pouco maiores que os da litografia offset convencional, mas os custos unitários são equivalentes –, tornando esse processo menos prático para produções pequenas. O tempo de impressão é curto: impressoras alimentadas por bobina podem imprimir centenas de metros por minuto.

MATERIAIS A escolha de papel e papelão é maior que na litografia offset e inclui material revestido e não revestido. Outros materiais adequados são o metal e o plástico.

IMPACTOS AMBIENTAIS A Park Lane Press economiza estimados 70 mil litros de água filtrada, 8 mil litros de COV, de 30% a 40% de papel e quantidades significativas de eletricidade e tinta por ano em comparação à litografia offset convencional (com base em duas impressoras tamanho B2 que rodam em três turnos por dia).

Eliminar a solução fonte (água e outros produtos químicos usados no sistema de umedecimento da litografia offset) significa que não há necessidade de usar isopropanol (ou um substituto) e outros produtos químicos que são absorvidos pelo papel durante a impressão. A tinta de soja é menos cara e consome menos energia durante a produção do que as tintas derivadas de petróleo; além disso, contém menos COV.

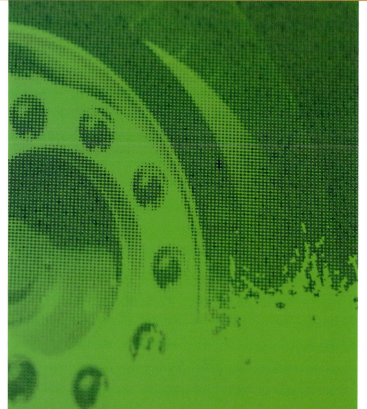

Qualidade de impressão A tinta é impressa em pontos. À medida que a concentração de pontos para cada cor é reduzida, a percepção da cor muda. Isso é conhecido como meio-tom, que é medido como linhas por polegada (lpi). O ganho de pontos é resultado da tinta espalhada pela superfície do material impresso. Isso é inevitável, mas é significativamente menor em impressão sem água, porque a tinta é mais viscosa e a superfície raspada da chapa de impressão cria bolsas (áreas escuras na chapa verde de impressão) que retêm a tinta no lugar. Detalhes e cor podem, portanto, ser impressos com mais precisão do que com a litografia offset convencional.

1

2

3

4

5

Estudo de caso

Impressão de brochura

Empresa Park Lane Press
www.parklanepress.co.uk

A chapa de cada cor é produzida diretamente a partir de dados computadorizados em um processo conhecido como CTP (computer to plate). O revestimento de silicone verde é raspado nas áreas de imagem (imagem **1**).

Um operador determina o nível de tinta a ser aplicado em cada parte do rolo de tinta (imagem **2**), e a chapa é levada à impressora (imagem **3**). Do mesmo modo que na litografia offset convencional, a impressão sem água é um processo de quatro cores (imagem **4**). As cores do processo são ciano, magenta, amarelo e preto, conhecidas coletivamente como CMYK. Para cores e efeitos específicos, como fluorescente e metálico, são usadas cores especiais.

A qualidade das impressões é verificada por registro (alinhamento), cor e defeitos de impressão como falhas e borrões (imagem **5**).

Impressão sem água 183

Ciclo de vida

3

Ciclo de vida

Recuperar, renovar e reusar

Produtos no fim de seu ciclo de vida podem ser recuperados, renovados e reutilizados para diminuir custo, consumo de recursos e produção de emissões. Eletrônicos e veículos contêm componentes e materiais valiosos que podem ser desmontados e recuperados ou separados para melhorar os índices de recuperação da reciclagem.

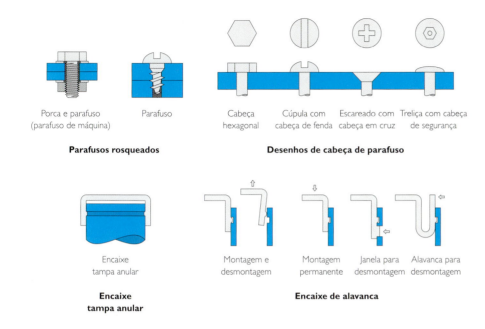

Parafusos rosqueados
- Porca e parafuso (parafuso de máquina)
- Parafuso

Desenhos de cabeça de parafuso
- Cabeça hexagonal
- Cúpula com cabeça de fenda
- Escareado com cabeça em cruz
- Treliça com cabeça de segurança

Encaixe tampa anular
- Encaixe tampa anular

Encaixe de alavanca
- Montagem e desmontagem
- Montagem permanente
- Janela para desmontagem
- Alavanca para desmontagem

Informações essenciais

TRANSPORTE	●●○○○○○
LIMPEZA	●○○○○○○
REPROCESSAMENTO	●●●●●●● (vazios)

Impactos ambientais por kg

ENERGIA	●○○○○○○
FONTES	○○○○○○○
POLUIÇÃO	○○○○○○○
RESÍDUO	●○○○○○○

Sistemas relacionados:
- Recuperação
- Renovação
- Reutilização

Sistemas alternativos e concorrentes:
- Reciclagem mista
- Reciclagem de plástico

O que é design para desmontagem?

Produtos compostos de mais de um material ou componente possuem design para desmontagem (DfD) a fim de garantir que partes úteis e valiosas possam ser removidas para reutilização ou reciclagem. Também é importante poder remover materiais danosos para evitar que acabem no aterro sanitário.

Os fixadores mecânicos tornam viável o DfD, enquanto a laminação, o uso de adesivo e outros métodos permanentes tornam a desmontagem difícil ou impossível. Os parafusos rosqueados são meios versáteis de montagem: os tipos principais são os parafusos com porca (de pequeno diâmetro, também chamados parafuso de máquina) e sem porca. Os com porca têm um pino cilíndrico e fio em espiral e são fixados quando girados dentro de uma porca ou um buraco em espiral (furo). Há centenas de tipos de parafusos, como os de madeira, os autoatarraxantes, os laminadores, os de gancho, etc. O tipo de parafuso depende dos materiais e da utilização.

Fixadores mecânicos são acrescentados sempre que possível para evitar adição de materiais e operações desnecessárias. Por exemplo, peças moldadas por injeção (p. 104) e sopro podem ser projetadas com fixadores de encaixe.

Notas para designers

DESIGN Produtos feitos com materiais duráveis e projetados para permitir manutenção ou melhoria têm maior probabilidade de serem renovados e reutilizados. Para isso, os produtos terão de ser desmontados e reciclados e, assim, devem ser desenhados de forma que os materiais possam ser separados (especialmente os prejudiciais, como pilhas e baterias) para recuperação. O uso de um mesmo fixador na peça toda, ou a menor quantidade de tipos possível, ajuda a melhorar o índice de reciclagem. Por exemplo, a Dell Computadores usa apenas dois tipos de fixadores. Um desmontador pode realizar seu trabalho mais depressa nesses produtos do que naqueles que possuem muitos tipos. Os fixadores de encaixe são preferíveis a parafusos.

APLICAÇÕES Entre os principais esquemas de reutilização industrial estão as diretivas REEE (Resíduos de Equipamentos Elétricos e Eletrônicos) e VFV (Veículos em Fim de Vida). O sucesso dessas operações deve-se principalmente ao impacto da legislação sobre os produtores, distribuidores e recicladores. Embalagem retornável e reutilizável é outro bom exemplo de reúso amplo e continuado (p. 194). Em alguns casos, a tecnologia limita o que pode ser reutilizado – por exemplo, atualmente não há solução certificada para limpeza de dados de discos rígidos (embora isso esteja em desenvolvimento), então, eles têm que ser destruídos.

CUSTO Projetar tendo em mente o fim da vida útil do produto reduz o impacto ambiental total e pode ajudar a reduzir custos. As regulamentações são adotadas para incentivar a adoção de processos e tecnologias que reduzem emissões, resíduos, consumo de recursos e produção de resíduo prejudicial. Essa mudança pode elevar os custos em curto prazo, especialmente se houver necessidade de equipamento novo, e o desrespeito às normas pode acarretar multas pesadas. Em última análise, reduzir os resíduos e melhorar a eficiência economiza dinheiro.

Estudo de caso

Reforma de computador

Empresa Sims Lifecycle Services
www.simsmm.com

Produtos de tecnologia – computadores, servidores, scanners, impressoras, copiadoras e telefones – podem ser reformados. Estima-se que a reutilização de um computador economize cerca de 1,8 tonelada de recursos.

Padrões rigorosos de limpeza de dados são impostos para garantir que todas as informações sejam destruídas com segurança. Os dispositivos chegam em paletas (imagem **1**) e são marcados com um código de barras, que é escaneado pelo programa de registro de ativos para identificar os produtos que precisam de remoção segura de dados. Dados sensíveis podem ser removidos antes de os dispositivos serem enviados para reforma.

Bancos de laptops são processados com o Blancco® Data Cleaner (imagem **2**). Cada computador é completamente testado e, se uma limpeza de dados não funcionar, o disco rígido é destruído. Uma vez processados, os laptops são completamente limpos por dentro e por fora (imagens **3** e **4**). Normalmente, são reimplantados dentro de uma empresa, vendidos para recuperação de parte do custo inicial ou doados.

1

2

3

4

Recuperar, renovar e reusar 189

Estudo de caso

Recuperação e reciclagem de computador

Empresa Sims Lifecycle Services
www.simsmm.com

Um equipamento cujo reparo é economicamente inviável é desmontado, recuperando metais e plásticos para reciclagem. Primeiro, os fixadores mecânicos que fecham a caixa externa são removidos (imagens **1** e **2**). Produtos de tecnologia moderna têm sido desenhados para permitir uma desmontagem eficiente – por exemplo, rotulando os fixadores mecânicos e indicando a ordem na qual devem ser removidos (imagem **3**).

Isso se deve em parte à legislação que visa à redução de equipamento eletrônico que é produzido e incentiva a recuperação, reutilização e reciclagem. Por exemplo, a diretiva REEE foi introduzida no Reino Unido em janeiro de 2007. Além disso, a diretiva de baterias da União Europeia busca reduzir o impacto da manufatura, da distribuição, do uso, do descarte e da recuperação de baterias e pilhas (consideradas um resíduo perigoso) sobre o ambiente. As baterias são removidas para serem recicladas separadamente (imagem **4**). A diretiva europeia de restrição do uso de substâncias prejudiciais em equipamentos elétricos e eletrônicos vai tornar os produtos menos perigosos para reciclagem.

Metais e plásticos são valiosos para reciclagem (p. 208). Metais com alto valor de revenda, como ouro e paládio, são usados em processadores e placas de circuito impresso (PCBs) em laptops, desktops e

outros equipamentos eletrônicos. Uma vez separados, podem ser recuperados de maneira mais eficiente (imagens **5** e **6**). Assim, os índices de recuperação material podem chegar a 95%.

Mesmo que não seja possível reparar os computadores, as partes podem ser reutilizadas. A memória, os discos rígidos e os processadores são recondicionados para revenda (imagem **7**).

4

5

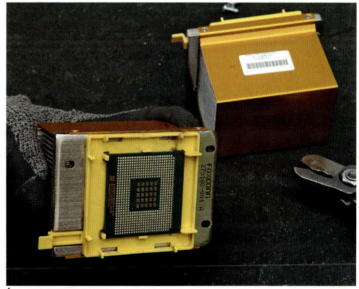

6

7

Recuperar, renovar e reusar 191

Estudo de caso

Reforma de móvel de madeira

Empresa Zaxos Stathopoulos (ZS Studio)
www.zoundsystemstudio.com

Normalmente, os móveis de madeira danificados que não podem ser consertados são descartados. É possível transformar a madeira em biocombustível ou forragem animal, por exemplo. Mas artesãos podem transformar móveis surrados em uma peça única (imagem **1**).

A superfície é fracionada e removida (imagem **2**). Primeiro, a estrutura do móvel é reforçada (imagem **3**). As partes comidas por cupim e podres são tratadas ou retiradas. Depois, em vez de lixar a superfície e aplicar um revestimento final colorido, diversas tintas à base de poliéster são misturadas para dar camadas de cor na peça e acentuar os reparos (imagens **4**, **5** e **6**).

A peça acabada é brilhante e colorida (imagem **7**). Os padrões únicos criados representam os anos de uso, dano e desgaste combinados ao trabalho habilidoso utilizado para fazer os reparos.

2

1

3

4

5

6

7

Recuperar, renovar e reusar 193

Ciclo de vida

Embalagem retornável

Embalagem retornável é um sistema de reúso bem-estabelecido em alguns países. No Reino Unido, as garrafas de leite são devolvidas até trinta vezes. A coleta ou o retorno, a limpeza e a esterilização consomem significativamente menos energia do que a produção de novos produtos ou embalagens.

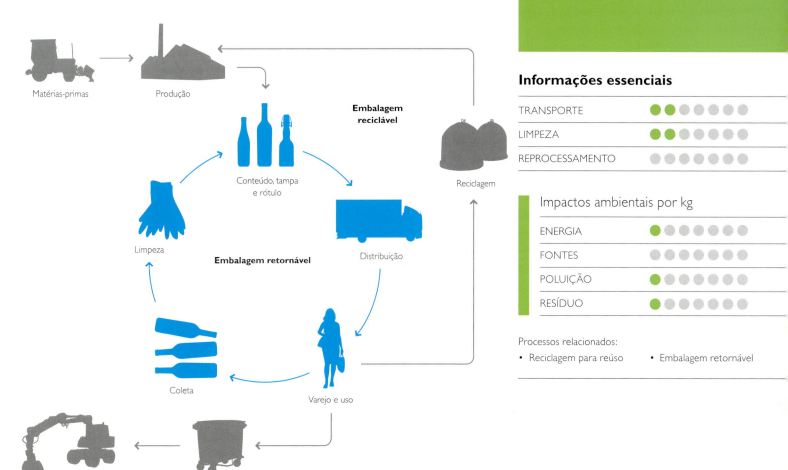

O que é sistema de embalagem retornável de vidro?

A indústria do vidro tem reduzido emissões de poluentes e melhorado a eficiência. Reciclar é parte fundamental da produção de vidro e ajuda a reduzir seu impacto ambiental (p. 216). A reutilização elimina o derretimento e a moldagem de vidro e economiza uma quantidade significativa de energia e emissões.

A embalagem de vidro é distribuída para a fábrica, onde é preenchida, tampada e rotulada. Em um sistema fechado, o produto é vendido ao consumidor – o que talvez exija distribuição – e depois do uso a embalagem vazia é devolvida à fábrica. Se as garrafas estão lascadas ou danificadas, podem ser recicladas.

O vidro é um material durável e de alta qualidade. Uma vez devolvidos à fábrica, os recipientes são limpos e preparados para serem cheios, tampados e rotulados. Estima-se que a reutilização de recipientes de vidro economize 95% das emissões associadas à manufatura do vidro.

Notas para designers

DESIGN   A embalagem retornável deve ser otimizada para limpeza, enchimento e armazenamento. Deve ser leve (a embalagem retornável é sempre mais pesada e robusta) para reduzir o impacto ambiental de muitas jornadas. Um design simples será aplicável a mais usos. No caso de reciclagem para reutilização (p. 194), o produto deve ter design para desmontagem (DfD), garantindo efetividade de curso.

APLICAÇÕES   Entre os sistemas de embalagem retornável em larga escala e bem-sucedidos estão as garrafas de bebida na Finlândia e a garrafa de leite no Reino Unido. As garrafas de leite em vidro são reutilizadas de dez a trinta vezes, dependendo da localização. A embalagem retornável não é permitida para todos os produtos por causa de possível risco de contaminação.

De acordo com uma análise de ciclo de vida encomendada pela British Glass Manufacturers Association, cada tonelada de vidro reutilizada economizaria 843 kg de emissões de dióxido de carbono equivalente, que é quase o triplo do que economiza a reciclagem. Há também a economia de 1,17 tonelada de matérias-primas.

A embalagem retornável é sempre mais pesada e robusta, por isso é essencial que haja incentivos para encorajar o consumidor a reutilizá-la muitas vezes.

CUSTO   A embalagem retornável é normalmente mais cara que a embalagem descartável. Isso deve ser compensado pela quantidade de vezes que a embalagem é reutilizada, apoiado por incentivos para devolução das garrafas depois do uso.

Estudo de caso

Garrafas de vidro retornáveis

Empresa Whin Hill Cider
www.whinhillcider.co.uk

A Whin Hill Cider leva a sério sua pegada de carbono. O pomar fica perto da fábrica de engarrafamento e é rico em flora e insetos (imagem **1**). A empresa recicla, recupera calor, usa garrafas leves e, mais importante, tem um sistema retornável para as garrafas. Isso economiza para a empresa cerca de 6 mil garrafas por ano, o equivalente a 2.400 kg de vidro.

As garrafas retornáveis são inspecionadas para garantir que não haja defeitos, os rótulos são removidos e elas são completamente limpas (imagem **2**). São cheias com suco de maçã ou cidra (imagem **3**) e tampadas. A pasteurização é feita a 70 °C por vinte minutos (imagem **4**). Isso estende a validade do conteúdo e reduz resíduos.

Nem todas as garrafas são rotuladas (imagem **5**) – a empresa oferece um desconto para garrafas sem rótulos. Os produtos prontos passam por amostragem (imagem **6**).

196 Ciclo de vida

Embalagem retornável 197

Ciclo de vida

Reciclagem mista

A reciclagem é complexa porque os produtos frequentemente contêm uma mistura de ingredientes. Nossa consciência do valor dos materiais e da natureza finita dos recursos do planeta, associada à legislação, significa que os designers devem levar em conta como os produtos podem ser reciclados e como os materiais serão extraídos.

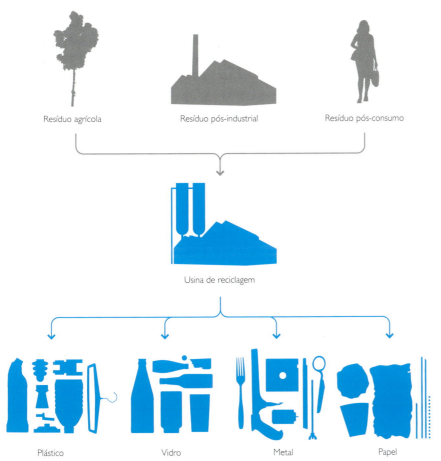

O que é reciclagem de resíduo misto?

Materiais no fim do ciclo de vida são reciclados. Por exemplo, embalagens podem ser recicladas dias depois de terem sido produzidas, ou carros e mobílias, vários anos depois da fabricação.

O objetivo da reciclagem de resíduo misto é separar fluxos de resíduo complexos em materiais diferentes para que possam ser reprocessados. O plástico (p. 208) inclui resíduo de embalagens pós-consumo, resíduo de equipamento elétrico e eletrônico – inclusive eletrônicos de consumo e linha branca (aparelhos domésticos) –, resíduo industrial e veículos no fim do ciclo de vida (VFV). O metal ("Aço", p. 40; "Ligas de alumínio", p. 44; e "Ligas de cobre", p. 48) inclui partes de VFV, resíduo industrial, circuitos e peças de REEE. O vidro (p. 216) vem de embalagens, prédios, telas de REEE e VFV, enquanto o papel (p. 212) vem de resíduo pós-consumo, embalagens e resíduo de escritório. Uma vez separados (despoluição, p. 202; fragmentação, p. 202; e separação de materiais mistos, p. 206), os materiais podem ser reciclados em novos produtos.

Reciclagem mista 199

Notas para designers

DESIGN Os recicladores desenvolveram processos capazes de lidar com fluxos de resíduo altamente complexos. Porém, ainda é um desafio separar materiais laminados, colados por adesivo ou de alguma outra forma permanente. Os produtos feitos de um só material têm reciclagem mais eficiente. Se uma mistura de materiais é necessária, então os produtos devem ter design para desmontagem (DfD).

APLICAÇÕES Todo tipo de produto pode ser reciclado. O tipo de material (sua adequação à reciclagem) e a facilidade com que os materiais podem ser separados determinam a probabilidade de o produto ser reciclado em novos produtos. Há muitos exemplos de sistemas de reciclagem efetivos. Por exemplo, uma lata de bebida feita de alumínio é transformada em uma nova apenas sessenta dias depois de ter sido deixada em um cesto de reciclagem, e sem perda de qualidade. A reciclagem de alumínio usa apenas 5% da energia exigida para produzir material virgem. Mas nem todos os materiais são reciclados para produzir produtos da mesma qualidade. Por exemplo, o aço reciclado de VFV tem, provavelmente, uma quantidade menor de contaminação por cobre. O aço recuperado passa por "downcycle" (degradação) para fazer barras de reforço para construção em concreto, em vez de carros novos ou de ter um uso de igual qualidade. Sistemas sofisticados são usados para separar materiais e produzir o material reciclado da mais alta qualidade. Mesmo assim, é muito difícil impedir contaminação sem produzir algum resíduo. O equilíbrio está entre a qualidade exigida e o resíduo produzido (pureza elevada significa, inevitavelmente, mais resíduo).

CUSTO Em muitos casos, os materiais reciclados são mais baratos que os materiais virgens, porque são necessários menos recursos para produzi-los. O custo depende de o material reciclado ser de alta pureza ou uma mistura de materiais.

Estudo de caso

Preparação de resíduo misto para reciclagem

Empresa Sims Metal Management
www.simsmm.com

Os materiais para reciclagem vêm de uma variedade de fontes, inclusive de fluxos de resíduo doméstico, pós-consumo e industrial. Os metais são separados em três tipos: pesados, metal laminado e ferro leve.

O pesado, como esse vagão de trem feito de aço (imagem **1**), é cortado em pedaços menores com um maçarico de oxiacetileno ou uma grande guilhotina. Isso ajuda a logística e garante que a peça caiba no forno de reciclagem ("Aço", p. 40). Metal laminado (como o de uma embalagem) pode ser separado com garras (imagem **2**). Algumas fontes típicas de resíduo misto incluem VFV (imagem **3**) e REEE (imagem **4**).

O VFV já passou por um processo de despoluição e compressão (p. 202). A sucata de REEE inclui eletrônicos de consumo, linha branca e outros eletrônicos que não podem ser reutilizados (p. 199).

1

2

3

4

Reciclagem mista **201**

O que é fragmentação de metal?

Materiais mistos (principalmente metálicos) são despedaçados em uma fragmentadora. Esse processo separa mecanicamente materiais mistos, derivados de VFV, bicicletas ou bondes, por exemplo. Da fragmentadora são recuperados três grupos principais de materiais: materiais ferrosos, armaduras de cobre e materiais não ferrosos (na maior parte não metálicos). O material segue para posterior separação em meio denso (p. 206).

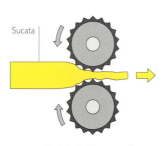

Estágio 1: Compressão

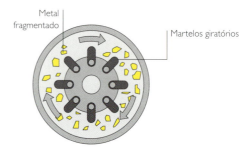

Estágio 2: Fragmentação

Estudo de caso

Fragmentação de sucata

Empresa Sims Metal Management
www.simsmm.com

Antes que os materiais possam ser regenerados, os VFV são desmontados e grandes estruturas de metal são quebradas em partes menores (imagem **1**). Partes que podem ser reutilizadas têm valor especial para reciclagem (como conversores catalíticos) ou as que são perigosas (como interruptores de mercúrio, pré-tensores de airbags e cintos de segurança) são removidas dos VFV. Além disso, a bateria, as rodas, os vidros e outros componentes grandes (como os para-choques de plástico e a espuma de assentos) são removidos para melhorar os índices de recuperação.

Então o carro é despoluído. Um operador escorre todos os fluidos, como o fluido de freio, o óleo, o refrigerador e o combustível (imagens **2** e **3**). Os líquidos são recolhidos em tanques separados e reciclados por especialistas ou descartados.

Os carros despoluídos são comprimidos (imagem **4**) e transferidos para a fragmentadora. Ela, que é aberta regularmente para manutenção (imagem **5**), consiste em grandes martelos presos a um eixo giratório. Os martelos removidos depois da manutenção mostram o desgaste (imagem **6**). Os metais são partidos em fragmentos de tamanho adequado para posterior processamento (imagem **7**).

1

2

3

4

5

6

7

Reciclagem mista 203

Estudo de caso

Separação e fragmentação de resíduos eletrônicos

Empresa Sims Recycling Solutions
www.simsrecycling.com

Os resíduos de equipamento elétrico e eletrônico (REEE) incluem todos os tipos de materiais, como metais preciosos nos circuitos, que precisam ser separados e regenerados. Uma mistura de aplicações domésticas, industriais e de escritório é coletada para reciclagem (imagem **1**). A maioria dos produtos chega intacta (imagem **2**) e é separada em classificação alta e baixa. Os de classificação alta, como computadores, são desmontados manualmente para melhorar os índices de recuperação de materiais. Algumas partes contêm materiais valiosos, como a memória (imagem **3**), e outras são consideradas prejudiciais – por exemplo, baterias e telas de cristal líquido (LCD) – e têm que ser removidas.

As partes restantes do produto são separadas em grupos de materiais como metais e plásticos (imagens **4** e **5**). Antes do processamento mecânico, as partes dos REEE são separadas manualmente para remover itens valiosos ou prejudiciais da mistura de materiais (imagem **6**). Por exemplo, as baterias e os fios de cobre são removidos para controle de qualidade. Os plásticos são passados por um processo inicial de fragmentação, que os reduz a mais ou menos 100 mm (imagem **7**). Essas partes são limpas e refinadas em materiais plásticos reutilizáveis.

1

2

3

4

5

6

7

Reciclagem mista

O que é separação de resíduo misto?

As características de cada material, como densidade e conteúdo de ferro, são usadas para separá-los. Primeiro o separador magnético extrai os metais ferrosos. Eles então passam para um galpão, onde são separados manualmente. Operadores recolhem itens não ferrosos e armaduras que podem ter sido retiradas inadvertidamente pelo separador magnético.

Na fase de lavagem, materiais leves e absorventes são separados pelo jato de água de alta pressão. O tambor de meio denso é cheio com líquidos especiais de densidades variáveis, o que faz com que os materiais flutuem em diferentes níveis. No segundo tambor, materiais de densidade média, como alumínio, pedra e arame, são separados dos metais não ferrosos mais pesados.

O alumínio é separado dos outros materiais de densidade média, como pedras e arame, pelo uso de correntes de Foucault. Elas são criadas por ímãs que rodam rapidamente, o que induz os fragmentos de alumínio a pularem para longe da correia de transporte, enquanto as pedras e o arame seguem em frente. Essas técnicas são usadas principalmente para processar resíduo misto de metal de VFV.

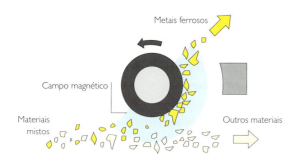

Separador magnético

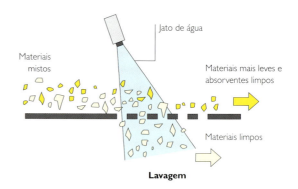

Lavagem

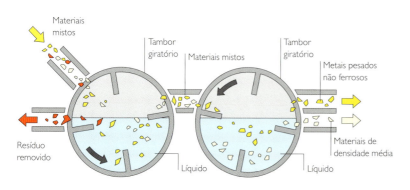

Tambor de meio denso

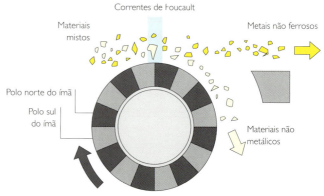

Separador corrente de Foucault

1

2

3

4

5

Estudo de caso

Separação de resíduo misto em matérias-primas

Empresa Sims Metal Management
www.simsmm.com

Os materiais fragmentados são postos em uma esteira (imagens **1** e **2**). Uma vez removidos manualmente os materiais prejudiciais e valiosos, as partes são quebradas em fragmentos ainda menores (imagem **3**). Isso torna possível a realização dos processos de separação mecânica.

Os materiais passam por uma série de processos, como o separador magnético, que remove material com conteúdo de ferro (imagem **4**). Depois de processados e separados, os materiais são coletados em montes (imagem **5**). Isso inclui metais separados em diferentes tipos, como metais preciosos, ligas de cobre, ligas de alumínio e aço.

Materiais plásticos são mais difíceis de separar, e por isso são coletados juntos nesse estágio (imagem **6**). Eles não precisam ser mais separados se a intenção for compô-los de volta em matérias-primas que podem ser moldadas para a produção de novos produtos ("Reciclagem de plásticos", p. 208).

6

Reciclagem mista

Ciclo de vida

Reciclagem de plásticos

Os plásticos de resíduos mistos, como de embalagens e construção, são reciclados, sofrem extrusão para tornarem-se matéria-prima e são moldados em novos produtos. Em comparação ao material virgem, o uso de plástico reciclado reduz as emissões (dióxidos de enxofre, carbono e óxido nitroso) e o consumo de energia, água e óleo.

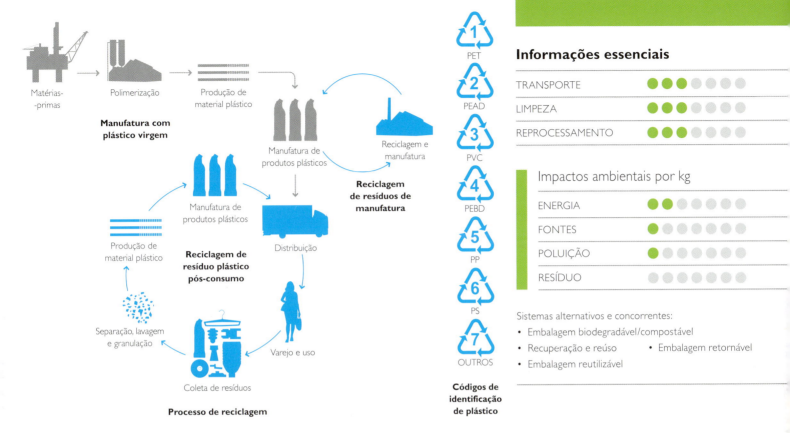

O que é reciclagem de plásticos?

Os resíduos mistos de plástico são separados antes de serem reciclados. Isso é importante porque diferentes tipos de plástico não se misturam bem. Desde 1988 foram estabelecidos códigos para distinguir os sete tipos: polietileno tereftalato (PET), polietileno de alta densidade (PEAD), cloreto polivinílico (PVC), polietileno de baixa densidade (PEBD), polipropileno (PP), poliestireno (PS) e outros. Instalações de reciclagem modernas usam sistemas sofisticados de identificação dos tipos de plástico, como transmissão de luz, infravermelho, flutuação e sopro.

Mesmo com as técnicas de separação automatizada mais recentes ainda é necessário fazer separação manual.

O plástico separado é limpo e convertido em flocos. Ele é derretido, sofre extrusão e é cortado em grânulos que ficam prontos para a moldagem em novos produtos (ver também "Moldagem de plástico reciclado", p. 120). Rebarbas de plástico são inevitáveis em quase todos os processos de moldagem (como sobras e aparas), por isso muitas fábricas realizam reciclagem no local para maximizar a eficiência. Esse tipo de material pode ser chamado de "reprocessado" ou "retriturado", em vez de "reciclado".

Notas para designers

DESIGN A contaminação por aditivos, como enchimentos e tintas, afeta a qualidade. Os sistemas de separação evoluíram para acomodar a ampla variedade de materiais plásticos mistos. A eficiência e a probabilidade de o plástico ser reciclado aumentam pelo uso de um só tipo de material ou pela facilitação da desmontagem em materiais individuais, o que também favorece a recuperação e a reutilização (p. 186).

APLICAÇÕES Os plásticos que são reciclados podem ser usados para fazer o mesmo produto, como embalagens de detergente ou embalagem retornável de transporte (ERT) (abaixo), ou podem passar por downcycle (degradação) e serem convertidos em outro tipo de produto: por exemplo, PEAD em composto de madeira e plástico (WPC) ou PET em lã de poliéster. Quando o material reciclado é usado para fazer um novo produto que é de melhor qualidade que o produto do qual é derivado, isso é conhecido como upcycling. Os plásticos mais comumente reciclados são usados em diversas aplicações: PET para garrafas e bandejas, PEAD para canos, tambores e bolsas, PVC para construção (pisos e molduras de janela) e calçados, PEBD para bolsas e laminados, laminado de poliestireno de alto impacto (PSAI) para embalagens e papelaria, PP para uso automotivo e produtos hortícolas e PS para isolamento e embalagem.

CUSTO O custo de plásticos reciclados é em geral menor que o do material virgem. O processo exige apenas 20% da energia usada para manufaturar plástico virgem e economiza de uma a três toneladas de emissões de dióxido de carbono. Os plásticos devem ser muito puros e livres de contaminação metálica ou contaminantes orgânicos. Alguns plásticos reciclados têm mais de 99,5% de pureza. Outros produtos, como o polipropileno misto (PP) e o polietileno (PE), podem não ser tão puros, porque classificações mais baixas são mais baratas. O plástico reciclado menos puro também gera menos resíduo durante a reciclagem.

Circuito fechado A embalagem retornável de transporte (ERT) é usada para transportar produtos, lavada e reutilizada. No fim de sua vida útil ela é reciclada em uma nova ERT. Essa abordagem de ciclo para embalagens reduz significativamente o resíduo e o custo. Estima-se que um caixote típico, como os usados por supermercados para transportar mercadoria, será reutilizado em média 92 vezes antes de precisar ser reciclado.

Cor Os materiais são separados por cor e tipo. O código de cores varia de natural (nenhum pigmento adicionado, como resíduos de embalagem de leite) a "light jazz" (tons pastéis misturados) e "dark jazz" (cores mais fortes misturadas), ou eles são separados em grupos de cor individual, como vermelho, azul e preto. Isso garante que uma grande variedade de cores possa ser obtida. Mesmo que essa variedade não seja tão grande quanto a que pode ser obtida com plásticos virgens, isso se torna cada vez menos problemático. As cores fortes e escuras são as que terão melhor resultado.

Estudo de caso

Reciclagem de resíduo de plástico misto

Empresa Regain Polymers Limited
www.regainpolymers.com

A Regain Polymers é especialista em reciclar materiais de plástico rígido de fluxos de resíduo industrial e pós-consumo (imagem **1**). Uma tonelada de plástico equivale a cerca de 120 mil sacolas ou 20 mil garrafas de dois litros de bebida. A produção de uma tonelada de sacolas de PEAD reciclado economiza cerca de 1,8 tonelada de petróleo. Além disso, reduz consumo de energia, água e emissões.

Primeiro os materiais são separados por tipo e cor – a menos que o material seja de fonte consistente. Se necessário, o plástico é lavado e cortado em flocos (imagem **2**) de aproximadamente 1 cm². Nesse estágio, classificações diferentes de plástico são combinadas de acordo com as especificações do cliente. Cor, além de quaisquer outros aditivos necessários, como estabilizantes UV e modificadores de impacto, é adicionada durante o processo de extrusão (imagem **3**). No fim da linha de extrusão, o plástico é cortado em grânulos adequados à moldagem (imagem **4**).

Reciclagem de plásticos 211

Ciclo de vida

Reciclagem de papel

Os materiais de papel respondem por cerca de um terço do resíduo produzido na União Europeia e nos Estados Unidos. A reciclagem reduz a poluição da água e do ar e a quantidade de material que vai para os aterros sanitários, necessita de menos energia que a produção de polpa virgem e reduz o consumo de matérias-primas.

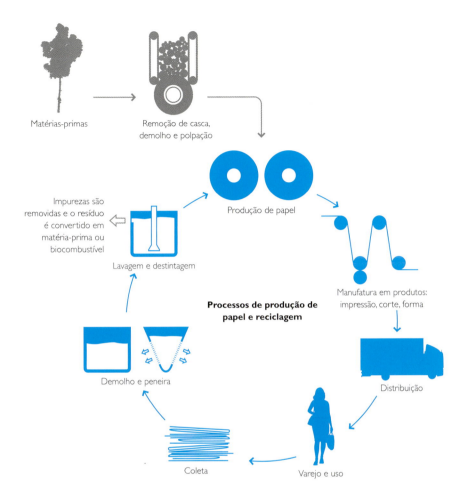

Informações essenciais

TRANSPORTE	●●●○○○○
LIMPEZA	●●●●○○○
REPROCESSAMENTO	●●○○○○○

Impactos ambientais por kg

ENERGIA	●●○○○○○
RECURSOS	●○○○○○○
POLUIÇÃO	●●○○○○○
RESÍDUO	●●○○○○○

Processos alternativos e concorrentes:
- Embalagem biodegradável/compostável
- Recuperação e reúso
- Embalagem retornável
- Embalagem reutilizável

O que é reciclagem de papel?

O papel é recolhido de casas, escritórios e fábricas. Nos Estados Unidos e na Europa, cerca de dois terços do papel usado são reciclados e essa quantidade tem aumentado. Ele é classificado de acordo com a qualidade e reunido em grandes fardos (imagem na página ao lado). No moinho de papel ele é demolhado e convertido em polpa. É peneirado (filtrado), limpo, tem a tinta removida e é novamente peneirado até ficar adequado à produção de papel (p. 74).

Durante a reciclagem, o comprimento das fibras de madeira é ligeiramente reduzido em cada processo. Portanto, muitos produtos à base de papel são produzidos com uma mistura de polpa reciclada e material virgem. Mesmo assim, diversos produtos, como papel de seda, jornais, revistas e recipientes de papelão ondulado, podem ser feitos de papel 100% reciclado.

Mesmo que os produtos de papel sejam biodegradáveis, normalmente é mais eficiente reciclá-los porque isso economiza recursos, reduz o consumo de energia e não adiciona mais materiais nos aterros sanitários.

Notas para designers

DESIGN   A aparência, a sensação e o desempenho (inclusive a cor) podem ser praticamente indistinguíveis da polpa virgem. Porém, o resíduo muito contaminado necessita de reprocessamento substancial (inclusive branqueamento) para fazer papel branco brilhante. O uso de papel recuperado nem sempre é a opção preferida se, por exemplo, espera-se leveza e rigidez superiores (ver "Polpa, papel e papelão", p. 70).

APLICAÇÕES   Há várias categorias de materiais de papel recuperados – ondulados, mistos, revistas, resíduo de escritório, jornal e substitutos de papel (como resíduo de serraria, "Madeira", p. 56). Os materiais mistos são muito mais difíceis – e, em alguns casos, impossíveis – de reciclar. Por exemplo, as embalagens de papel de bebida são laminadas com cerca de 20% de plástico e 5% de alumínio (produtos longa vida), o que os torna impossíveis de reciclar pelos meios convencionais.

A maior parte dos produtos feitos de papel pode ser manufaturado com papel recuperado.

CUSTO   O papel recuperado é parte fundamental de grande parte da produção moderna de papel, por isso a diferença de custo normalmente não é um problema. No entanto, o custo total de reciclagem depende de disponibilidade, da eficiência da usina e do nível de contaminação (inclusive de tinta) no papel recuperado.

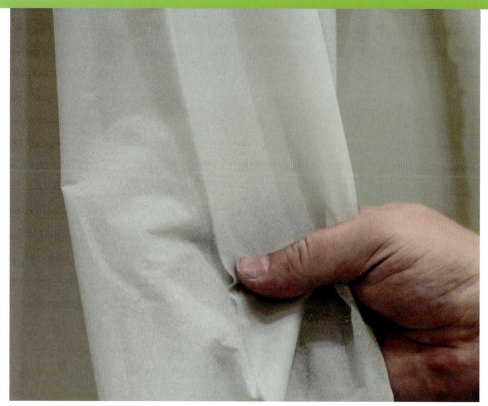

Lenço de papel Metsä   Mais de 50% da matéria-prima desse lenço de papel é papel recuperado. Os produtos químicos são usados para melhorar a eficiência de seus processos de fabricação. Um exemplo é o sabão usado no processo de destintagem. Produtos químicos também são acrescentados para obter certas qualidades desejadas, como adesivo de resistência à umidade (para papéis toalha) ou silicone (para superfícies não aderentes em papel-manteiga), no produto final. Todos os produtos químicos usados na produção são seguros para pessoas e para o ambiente. Preenchem os critérios ambientais do Ecolabel Nórdico, da UE, do BfR da Alemanha (Instituto Federal para Avaliação de Risco) e do FDA dos Estados Unidos (Controle de Alimentos e Drogas).

1

2

Estudo de caso

Reciclagem de papel em produção de lenço de papel

Empresa Metsä Tissue
www.metsatissue.com

A polpa recuperada passa pelo mesmo processo que a polpa virgem (p. 70), a diferença é que a reciclada tem de ser separada e limpa antes da conversão em papel. Ela é demolhada e polpada (imagem **1**). A contaminação, como grampos e barbantes, é removida pela peneira (filtragem) e pela força centrífuga (imagem **2**).

A polpa é misturada com água quente e produtos químicos (página ao lado). A tinta de impressão é removida das fibras, provocando bolhas de ar que são sopradas de baixo para cima. O resíduo do processo de destintagem é usado como matéria-prima (como agregado para construção de estradas) ou transformado em biocombustível e queimado para produzir energia (imagem **3**).

A polpa é diluída com água, misturada com 50% de polpa virgem (a quantidade depende da aplicação e pode ser de até 100%) e passada por uma série de peneiras para tornar-se adequada à produção de papel (imagens **4** e **5**).

3   4

5

Reciclagem de papel 215

Ciclo de vida

Reciclagem de vidro

O vidro pode ser reciclado por diversas vezes, sem nenhuma perda de qualidade. Em virtude do valor do vidro, existem muitos esquemas de reciclagem em diversos lugares, e o resultado é que embalagens de vidro soprado contêm cerca de um terço de material reciclado.

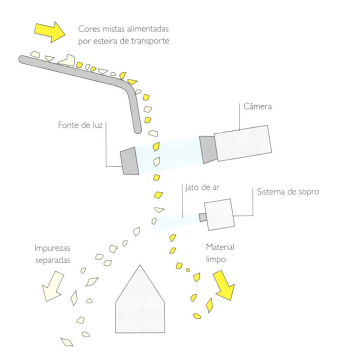

Informações essenciais

TRANSPORTE	●●●○○○○
LIMPEZA	●●●●○○○
REPROCESSAMENTO	●●○○○○○

Impactos ambientais por kg

ENERGIA	●●○○○○○
FONTES	●○○○○○○
POLUIÇÃO	●○○○○○○
RESÍDUO	●○○○○○○

Sistemas alternativos e concorrentes:
- Embalagem retornável

O que é separação de cor na reciclagem de vidro?

Muitos processos usados na reciclagem de vidro são os mesmos utilizados para a reciclagem mista (p. 198). O resíduo misto é esmagado e limpo por meio de telas vibratórias. Os ímãs, as flotações e as correntes de Foucault são empregados para separar os metais (ferrosos e não ferrosos), o papel e as outras impurezas. Além disso, sofisticada inspeção por raios X identifica contaminantes potencialmente problemáticos e de outra forma indetectáveis, como cerâmica e refratário de vidro borossilicato, que são removidos.

O vidro transparente, verde e âmbar é separado na unidade de separação de cores. O vidro esmagado é conduzido ao processo por uma correia vibratória que garante sua distribuição uniforme. Ele cai através de uma seção onde é iluminado com luz branca, e uma câmera identifica o espectro RGB. As partículas são separadas por um jato de ar, que as força a cair em calhas designadas. Reciclar uma tonelada de vidro economiza mais de 300 kg de emissões de dióxido de carbono.

Notas para designers

DESIGN O vidro é um material versátil que pode ser moldado, gravado, colorido e decorado. Se as partes (tampas e rótulos) puderem ser separadas, o vidro pode ser reciclado. A cor afeta a quantidade de conteúdo reciclado que pode ser usada. Para a manufatura de garrafas de vidro verde, até 90% do casco pode ser usado. Para vidro transparente, pequenas quantidades de contaminação de cor são quimicamente removidas durante o processo de soprar o vidro (abaixo, à esquerda).

APLICAÇÕES As garrafas e os potes de vidro são usados para embalar muitos produtos, inclusive comida, bebida, remédios e cosméticos. Vidro de cal sodada também é usado para fazer janelas de prédios (p. 55) e lâmpadas, por exemplo. Vidro reciclado de baixa qualidade é empregado para fazer agregado e painéis de vidro composto (como tampos de balcão). O Blue Carpet, desenhado pelo Heatherwick Studio para a Câmara Municipal de Newcastle, Reino Unido, é feito de cacos de garrafas azuis de xerez Harvey's Bristol Cream esmagadas em resina branca.

CUSTO O casco é fundamental na manufatura de produtos de vidro como potes e garrafas. A separação e a reciclagem do vidro reduzem significativamente os materiais que vão para aterros sanitários, já que o vidro costuma ser muito mais volumoso que os equivalentes em plástico.

Produção em massa de vidro soprado O casco que sai do forno é combinado com areia sílica, dolomita, cal e soda. As matérias-primas são derretidas, misturadas e moldadas por sopro – utilizando uma combinação de pressão do ar e pressão modeladora – produzindo potes e garrafas.

Defeitos do vidro É necessária apenas uma pequena quantidade de contaminação para causar defeitos no vidro soprado. Materiais como cerâmica e vidro borossilicato (como os usados em utensílios de cozinha) são particularmente complicados, porque são difíceis de identificar e separar durante a reciclagem.

1

2

3

4

5

Estudo de caso

Transformação de resíduo misto de vidro em casco

Empresa Berryman Glass Recycling
www.berrymanglassrecycling.com

Resíduo de vidro vem de coletores de lixo reciclável ou sucatas provenientes de fábricas. É uma mistura de diferentes cores, composições químicas, garrafas com tampas de plástico ou metal e outros contaminantes (imagem 1).

Os materiais são esmagados e os metais (imagem 2) e plásticos são removidos para reciclagem separada (p. 208). O vidro passa por máquinas que usam laser, raios X e tecnologia digital (imagens 3 e 4) para remover contaminantes como cerâmica, pedra e vidro com diferentes composições químicas. Elas também distinguem cores e tipos de vidro. Quando cai, cada fragmento é escaneado e identificado, e a informação alimenta um computador, que ativa jatos de ar na parte de baixo. Esses jatos são disparados com precisão na contaminação ou no vidro, jogando-os em esteiras de transporte separadas. Assim, os vidros verde, marrom e transparente podem ser separados.

O material reciclado (imagem 5) é vidro de cal sodada. Outros tipos de vidro precisam ser removidos e reciclados separadamente porque têm comportamento diferente quando moldados (em termos de ponto de fusão e coeficiente de expansão, ver página ao lado).

Glossário de termos úteis e abreviações

Biocomposto
Material feito de partes múltiplas derivadas de fontes de biomassa, por exemplo, bioplástico reforçado com fibra natural feito de laminado composto (p. 126).

Biodegradável
Material que é decomposto em dióxido de carbono, água e biomassa por micro-organismos em um período de tempo razoável. Ver também *compostável*.

Bioplástico
Plástico derivado de fontes de biomassa, como arroz, batata ou milho, e feito sem petroquímicos. Também chamado biopolímero ou biorresina. Nem todos os bioplásticos são compostáveis ou biodegradáveis.

CAD
Desenho assistido por computador (CAD, na sigla em inglês) é um termo geral para programas de computador usados em projetos de engenharia e produtos.

Casco
Sucata de vidro que é misturada com a matéria-prima usada para produzir vidro de cal sodada.

Cerne
Parte central de um tronco de árvore madura, em geral mais escura. É frequentemente mais duro e mais denso que as camadas que o cercam.

CNC
O equipamento de usinagem operado por um computador é conhecido como comando numérico computadorizado (CNC).

Compostável
Material que corresponde aos padrões dos Estados Unidos, da União Europeia e do Brasil (ASTM 6400, EM 13432 e NBR 15448-1/2, respectivamente) para degradação em condições de compostagem (mais de 90% devem ser convertidos em dióxido de carbono, água e biomassa em até 90 dias). Ver também *biodegradável*.

Composto
Material feito de partes múltiplas unidas permanentemente, por exemplo, plástico reforçado com fibra feito por laminação de composto (p. 126)

Composto de plástico e madeira
Pó feito de finas partículas de madeira e termoplástico, que sofre extrusão (p. 114) na forma desejada. Esses materiais têm alto teor de madeira, até 70%, e podem ser processados por técnicas convencionais de marcenaria. São usados em geral para decoração e aplicações de construção civil. Também podem ser moldados por injeção (p. 104). A mistura de dois materiais significa que eles não podem ser reciclados com facilidade.

Elastômero
Material natural ou sintético que apresenta propriedades elásticas: a capacidade de se deformar sob uma carga e retornar à forma original quando a carga é removida.

Energia incorporada
A energia total necessária para a manufatura de materiais é chamada energia incorporada. É usada como uma comparação por peso (MJ/kg) ou volume (MJ/m³).

Ferroso
Metal que contém ferro, como o aço. Ver também *não ferroso*.

FRP
O plástico moldado reforçado com comprimentos de fibra é conhecido como plástico reforçado com fibra (FRP). É formado por meio de vários processos, como moldagem por injeção (p. 104), moldagem por compressão (p. 110) e laminação de composto (p. 126).

Madeira de coníferas
A madeira de coníferas é típica de árvores perenes como o pinho (p. 56), o abeto e o cedro.

Madeira de lei
Madeira de árvores decíduas e de folhas largas como bétula, faia, freixo e carvalho.

Madeira projetada
Essa madeira de alta resistência e dimensionalmente estável é usada em geral em aplicações arquitetônicas. É produzida com folhas laminadas de madeira e adesivos fortes: exemplos incluem laminado envernizado (LVL, na sigla em inglês) e compensado (ver "Madeira projetada", p. 62).

Madeira seca
Descreve tradicionalmente a madeira seca ao ar livre com teor de umidade inferior a 20%. Comparada à madeira verde, a madeira seca tem melhor estabilidade dimensional, dureza, rigidez de flexão e resistência adesiva.

Madeira seca ao ar livre
Madeira seca sem o uso de uma estufa até um teor de umidade de 20% ou menos. Isso mantém uma energia incorporada muito baixa.

Madeira seca em estufa
A umidade de uma pequena seção transversal dessa madeira é reduzida a menos de 20% em 10 dias.

Madeira serrada
Madeira serrada para uso em, por exemplo, construção civil e produção de móveis.

Madeira verde
Madeira serrada com umidade superior ao ponto de saturação da fibra, que em geral é em torno de 25%. A madeira verde é usada para moldagem a vapor (p. 136).

Monômero
Composto pequeno e simples que pode ser juntado a outros compostos para formar longas cadeias conhecidas como polímeros. Ver também *polímero*.

Não ferroso
Metal que não contém ferro, como ligas de alumínio (p. 44) e de cobre (p. 48). Ver também *ferroso*.

Plástico oxidegradável
Plásticos sintéticos que com o tempo se fragmentam em partículas minúsculas, resultado de ingredientes fotoativos ou termoativos.

Plástico reforçado com biofibra
Composto de plástico sintético reforçado com fibras naturais como cânhamo, juta ou linho (p. 94).

Plástico termoendurecido
Material formado por aquecimento, catalisação ou mistura de duas partes para desencadear uma reação polimérica irreversível. Diferentemente de muitos termoplásticos, os plásticos termoendurecidos formam ligações cruzadas entre as cadeias de polímero que não podem ser desfeitas, por isso, esse material não pode ser remoldado ou reformado depois de curado, o que dificulta – quando não impossibilita – sua reciclagem. Os plásticos termoendurecidos tendem a ter resistência superior a fadiga e ataques químicos se comparados a termoplásticos.

Plástico virgem
Plástico derivado de petróleo que não contém nenhum conteúdo reciclado.

Polímero
Composto natural ou sintético feito de longas cadeias de repetidos monômeros idênticos. São produzidos por polimerização (p. 21).

Resina
Substância natural ou sintética semissólida ou sólida produzida por polimerização ou extração de plantas; usada em plásticos, vernizes e tintas.

Termoplástico
Material polimérico que se torna macio e maleável quando aquecido. Pode ser moldado e remoldado por vários processos, como moldagem por injeção (p. 104). O material reciclado pode ser quase indistinguível do plástico virgem (p. 20).

Vulcanização
O processo de curar a borracha natural (p. 36) com enxofre, calor e pressão em uma reação irreversível para formar um material termoendurecido.

Empresas citadas

Arup
13 Fitzroy Street
Londres W1T 4BQ
Reino Unido
www.arup.com

Aurubis
Hovestrasse 50
20539 Hamburgo
Alemanha
www.aurubis.com

Basf
Wöhlerstraße 15
67063 Ludwigshafen am Rhein
Alemanha
www.basf.com

Berryman Glass Recycling
Lidgate Crescent
Langthwaite Business Park
South Kirkby
West Yorkshire WF9 3NR
Reino Unido
www.berrymanglassrecycling.com

Bioresins
Divisão de A&O FilmPAC
7 Osier Way, Olney MK46 5FP
Reino Unido
www.bioresins.eu

British Wool Marketing Board
Wool House, Roydsdale Way
Euroway Trading Estate
Bradford
West Yorkshire BD4 6SE
Reino Unido
www.britishwool.org.uk

Coakley & Cox
Unit 29
Haverscroft Industrial Estate
Attleborough
Norfolk NR17 1YE
Reino Unido
www.coakleyandcox.co.uk

Composites Evolution
4A Broom Business Park
Bridge Way
Chesterfield S41 9QG
Reino Unido
www.compositesevolution.com

Curv®
Propex Fabrics GmbH
Düppelstrasse 16
D 48599 Gronau
Alemanha
www.curvonline.com

Dare Studio
The Coach House
31A East Drive
Queens Park
Brighton BN2 0BQ
Reino Unido
www.darestudio.co.uk

Designtex
200 Varick St
8º andar
Nova York, NY 10014-4894
Estados Unidos
www.designtex.com

Ditto Press
Unit D
Shacklewell Studios
18-24 Shacklewell Lane
Londres E8 2EZ
Reino Unido
www.dittopress.co.uk

Edwin Lock Furniture
55-56 Islingword Road
Brighton BN2 9SL
Reino Unido
www.edwinlock.co.uk

Ekotex
Kowalowice
ul. Pawkowa 4
46-100 Namysłów
Polônia
www.ekotex.pl

Emeco
805 Elm Avenue
Hanover
Pensilvânia 17331
Estados Unidos
www.emeco.net

English Willow Basketworks
4 Scarning Fen
Dereham
Norfolk NR19 1LN
Reino Unido
www.robandjulieking
basketmakers.co.uk

Ercol
Summerleys Road
Princes Risborough
Bucks HP27 9PX
Reino Unido
www.ercol.com

Finnforest (Metsäliitto Wood Products)
PO Box 50
FI 02020 Metsä
Finlândia
www.finnforest.com

Firma Chrome
Soho Works, Saxon Road
Sheffield S8 0XZ
Reino Unido
www.firma-chrome.co.uk

Haworth Scouring
Cashmere Works
Birksland Street
Bradford BD3 9SX
Reino Unido
www.haworthscouring.co.uk

Heinen Leather
Fussbachstrasse 13-17
41844 Wegberg
Alemanha
www.heinen-leather.de

Hydro
Drammensveien 260
NO-0283 Oslo
Noruega
www.hydro.com

I Dress Myself
The Engine House
The Silk Mill
Saxonvale, Frome
Somerset BA11 1PT
Reino Unido
www.idressmyself.co.uk

Jürgen Mayer H
Bleibtreustrasse 54
10623 Berlim
Alemanha
www.jmayerh.de

Lola Group
Glebe Road
St Peters Road
Huntingdon
Cambridgeshire PE29 7DS
Reino Unido
www.lola-group.com

Mallalieu's of Delph
Valley Mills
Millgate
Delph OL3 5DG
Reino Unido
www.mallalieus.com

Mazzucchelli
Via S. e P. Mazzucchelli 7
21043 Castiglione Olona, VA
Itália
www.mazzucchelli1849.it

Metsä Board Corporation
Revontulentie 6
FI-02100 Espoo
Finlândia
www.metsaboard.com

Metsä Tissue Oyj
PO Box 25
02020 Metsä
Finlândia
www.metsatissue.com

Palm Equipment Europe
Kenn Business Park
Clevedon, North Somerset
BS21 6TH
Reino Unido
www.palmequipmenteurope.com

PaperFoam
Hermesweg 22
3771 ND Barneveld
Países Baixos
www.paperfoam.com

Park Lane Press
Unit 11, Leafield Way
Leafield Industrial Estate
Corsham
Wiltshire SN13 9SW
Reino Unido
www.parklanepress.co.uk

Pilkington Group Limited
Alexandra Business Park
Prescot Road
St Helens
Merseyside WA10 3TT
Reino Unido
www.pilkington.com

Regain Polymers Limited
Newton Lane
Allerton Bywater
Castleford
West Yorkshire WF10 2AL
Reino Unido
www.regainpolymers.com

SCP
135 Curtain Road
Londres EC2A 3BX
Reino Unido
www.scp.co.uk

Sims Metal Management
110 Fifth Avenue
7º andar
Nova Iorque NY 10011
Estados Unidos
www.simsmm.com

Smile Plastics
Mansion House
Ford
Shrewsbury SY5 9LZ
Reino Unido
www.smile-plastics.co.uk

Treeplast
Buitenwatersloot 75A
2613 TB Delft
Países Baixos
www.treeplast.com

Umeco
Concorde House
Warwick New Road
Leamington Spa
Warwickshire CV32 5JG
Reino Unido
www.umeco.com

United States Steel Corporation
600 Grant Street
Pittsburgh PA 15219
Estados Unidos
www.ussteel.com

Warwick Innovative Manufacturing Research Centre
Warwick Manufacturing Group
Universidade de Warwick
Coventry CV4 7AL
Reino Unido
www.wimrc.org.uk

Whin Hill Cider
The Stables
Stearman's Yard
Wells-next-the-Sea
Norfolk NR23 1BW
Reino Unido
www.whinhillcider.co.uk

Zaxos Stathopoulos
ZS Studio
Danakos
Syros 84100
Grécia
www.zoundsystemsstudio.com

Leitura complementar

ASHBY, Mike & JOHNSON, Kara. *Materials and Design: the Art and Science of Material Selection in Product Design.* Oxford: Butterworth-Heinemann, 2002.

BERNERS-LEE, Mike. *How Bad Are Bananas?: the Carbon Footprint of Everything.* Londres: Profile Books, 2010.

BLACK, Sandy. *Eco-Chi The Fashion Paradox.* Londres: Black Dog Publishing, 2008.

COLLIER, Ann M. *A Handbook of Textiles.* 3ª ed. Exeter: Wheaton, 1980; Nova Iorque: Pergamon Press, 1970.

DATSCHEFSKI, Edwin. *The Total Beauty of Sustainable Products.* Crans-Prés-Céligny: RotoVision, 2001.

DENISON, Edward & YU REN, Guang. *Thinking Green, Packaging Prototypes 3.* Crans-Prés-Céligny: RotoVision, 2001.

ESTY, Daniel C. & WINSTON, Andrew S. *Green to Gold. How Smart Companies Use Environmental Strategy To Innovate, Create Value, and Build Competitive Advantage.* Chichester/New Haven: John Wiley/Yale University Press, 2006.

FIELD, Anne. *Spinning Wool: Beyond the Basics.* Ed. revisada. Londres/North Pomfret: A&C Black Publishers/Trafalgar, 2010.

HENDRICKSON, Chris T.; LAVE, Lester B. & MATTHEWS, H. Scott. *Environmental Life Cycle Assessment of Goods and Services, an Input-Output Approach.* Chichester/Washington: John Wiley/Resources of the Future, 2006.

JOYCE, Ernest. *The Technique of Furniture Making.* 4ª ed., revisada por Alan Peters. Londres: Batsford, 2002.

MCDONOUGH, William & BRAUNGART, Michael. *Cradle to Cradle. Remaking The Way We Make Things.* Londres: Jonathan Cape, 2002; Nova Iorque: North Point Press, 2008.

RILEY, J. W. *A Manual of Carpentry and Joinery.* Londres: Macmillan, 1944 e 1955.

ROSSBACH, Ed. *Baskets as Textile Art.* Londres: Studio Vista; Nova Iorque: Van Nostrand Reinhold Co., 1974.

ROULAC, John. *Hemp Horizons: the Comeback of the World's Most Promising Plant.* White River Junction: Chelsea Green Publishing Company, 1997.

THOMPSON, Rob. *Manufacturing Processes for Design Professionals.* Londres/Nova Iorque: Thames & Hudson, 2007.

_____. *Product and Furniture Design. The Manufacturing Guides.* Londres/Nova Iorque: Thames & Hudson, 2011.

_____. *Prototyping and Low-volume Production. The Manufacturing Guides.* Londres/Nova Iorque: Thames & Hudson, 2011.

_____ & THOMPSON, Martin. *Graphics and Packaging Production. The Manufacturing Guides.* Londres/Nova Iorque: Thames & Hudson, 2012.

WHITELEY, Nigel. *Design for Society.* Londres: Reaktion Books, 1993.

WRIGHT, Dorothy. *Baskets and Basketry.* Londres: B. T. Batsford, 1959.

Créditos de imagens

Martin Thompson fotografou os processos, materiais e produtos. Os autores gostariam de agradecer às seguintes pessoas por terem autorizado a reprodução de suas fotografias e ilustrações:

p. 13 (carro de corrida WorldFirst): Warwick Innovative Manufacturing Research Centre (WIMRC) no Warwick Manufacturing Group
p. 13 (composto de linho): Warwick Innovative Manufacturing Research Centre (WIMRC) no Warwick Manufacturing Group
p. 17 (FibreCycle): Umeco
pp. 22-23 (todas as imagens): Basf
p. 28 (fábrica de produção de bioplástico): Bioresins

pp. 36-41 (todas as imagens): Rob Thompson
p. 39 (imagens 3 e 4): Murray Thompson
p. 43 (todas as imagens): United States Steel Corporation
p. 46 (alumínio reciclado, esquerda): Emeco
p. 46 (alumínio reciclado, acima): Hydro
p. 47 (todas as imagens): Hydro
pp. 50-51 (todas as imagens): Aurubis Group
p. 54 (Mall at Millenia): Pilkington
p. 55 (todas as imagens): Pilkington
p. 56 (imagem título): Finnforest
p. 59 (imagem 1): Finnforest
p. 59 (imagens 2-4): Rob Thompson
p. 60 (análise 3D detalhada e molduras de janela, à direita): Finnforest
p. 61 (imagem 3): Finnforest

p. 62 (imagem título "Madeira projetada"): Finnforest
pp. 64-65 (todas as imagens): Rob Thompson
p. 66 (Metropol Parasol, Sevilha e Kerto® Ripa): Finnforest
pp. 67-69 (todas as imagens): Rob Thompson
p. 70 (imagem título): Metsä Board Corporation
p. 94 (imagem título "Fibras vegetais"): Brendon Weager em Composites Evolution
p. 96 (todas as imagens): Marek Radwanski em Ekotex
p. 97 (todas as imagens): Brendon Weager em Composites Evolution
p. 100 (protótipo biocomposto para Jaguar): Brendon Weager em Composites Evolution

p. 129 (imagem 1, protótipo de veículo elétrico Lola/Drayson Racing Le Mans): Lola Group
p. 138 (imagem 1, banco Namoradeira de Lucian Ercolani): Ercol
p. 140 (imagem 1, cadeiras Evergreen): Ercol
p. 144 (imagem 1, aparador Windsor): Ercol
p. 150 (imagem 1 e 9, a cadeira Katakana de Sean Dare): Sean Dare em Dare Studio
p. 154 (sofá Oscar): SCP
pp. 192-193 (todas as imagens): Zaxos Stathopoulos em ZS Studio
p. 208 (imagem título): Regain Polymers Limited
pp. 210-211 (todas as imagens, exceto imagem 4): Regain Polymers Limited

Agradecimentos

Os detalhes técnicos e o conteúdo do livro são resultado da extraordinária generosidade de vários indivíduos e organizações. Seu conhecimento dos processos e dos materiais e os anos de experiência prática foram fundamentais para a elaboração deste livro. Obrigado por terem cedido seu tempo e fornecido uma excelente visão dos processos com que trabalham e das habilidades que desenvolveram.

Gostaríamos de agradecer ao designer do livro, Chris Perkins, à editora Ilona de Nemethy Sanigar, à assistente editorial Tatiana Goodchild e à Thames & Hudson pelo apoio e pela dedicação à produção do mais elevado padrão de trabalho.

Rob Thompson: Eu gostaria de agradecer em particular a Martin, meu pai e fotógrafo do projeto, que sabe melhor que qualquer pessoa que eu conheço como fazer belas fotos que passam informação, e a Joe Hunter, da Vexed Design, por sua colaboração nos estudos de caso têxteis.

Martin Thompson: Gratidão especial à minha esposa Lynda, mãe de Rob, e aos irmãos dele por suas sugestões e sábios conselhos. E obrigado por toda a solicitude que recebi nas visitas às fábricas: agradeço igualmente aos doutores e aos operadores de máquinas.

Índice

Páginas em **negrito** são referências nos textos "O que é..." e "Estudo de caso"; páginas em *itálico* são referências aos textos em "Informações essenciais" e legendas

à base de água **97**; imersão 6, 158, *159*, **164-165**; impressão 174, **175**, 176; laca **144**; pintura 14, **159**, 160, **160**, **162**; revestimento 6, **138**, **142**, 158, **159**, 160, **160**, **162**; tinta 14, 176, **177**, *178*
ácido polilático (PLA) 22, 25, **28**, **97**, 100, 106; *ver também* plástico de base biológica
aço 11-13, 40, **41**, 42, **43**, 44, 45, 46, **49**, **50**, 54, 58, *63*, **97**, 99, 152, **156**, 166, 168, *168*, **169**, 220; reciclagem 42, **199**, 200, **200**, **207**; siderurgia 41; *ver também* metal
algodão 11, 30, 32, 95, **95**, 96, **133**, 154, **156**, *176*; *ver também* fibras vegetais
amido *ver* plástico de base biológica
Arup 66, 221
Aurubis 50, **51**, 221

Basf 22, **23**, 221
Berryman glass recycling **219**, 221
biocomposto 8, 12-13, **29**, 94, **97**, 99-100, *100*, 220; pré-impregnado *13*, *17*, **97**, 99-101, *127*, **127**, **129**, **130-131**; *ver também* laminação de composto
bioplástico *ver* plástico de base biológica
Bioresins **221**
Biorresinas **29**
borracha natural 13, 36, **37**, *37*, 38, **38**, 106, 110, *112*, **156**, **175**, 176, **181**, 220
borracha *ver* borracha natural
British Wool Marketing Board **87**, 221

cânhamo 13, 95, **95**, 98, **101**, 128, 220; *ver também* fibras vegetais
cardação 6, 85, **88**, **91**, **93**, **96-97**; *ver também* lã e penteado
celulose 32, 96, 106, 112, **138**; acetato 13, 30, **31**, 32, **32**, **34**, *37*, 95, **95**, *116*, **117**, *118*, **119**; nanofibras *13*; prensagem em bloco 30, **31-32**, **34**
certificação 10-12, 32, 38, 58, 64, 86, 96, *112*, 118
cestaria 12, *12*, 14, **92**, 132-135, **137**
Coakley & Cox **155**, **156**, 221
Composites Evolution *13*, **97**, *100*, **101**, 221
composto *13*, *16–17*, **29**, 45, 62, **68**, **97**, 98, **99**, 100, **101**, 110, 116, 126, **127**, 128, 210, 218, 220; laminação **99**, 126, **127**, 128, **129-130**, 220; *ver também* biocomposto
composto orgânico volátil (VOC) 160, **164**,*172*, 180, *182*
couro 13, 76, **77**, 78, **91**, 154; curtimento 13, 76, 78, **78**, **80-82**; tingimento **82-83**
Curv® *17*, 221

Dare Studio **150**, 221
Designtex 9, *10*, 221
Dióxido de carbono *12*, 14-15, 26, 42, **45**, 46, 58, 64, 78, **81**, 106, 122, 196, 208, 210, **217**, 220
Ditto Press **173**, 221

Edwin Lock Furniture **150**, 221
Ekotex **96**, 221
eletropolimento 166, **167**, 168, *168*, **169**
embalagem retornável 9, 194, **195**, 196, *199*, *209*, *213*, *217*

Emeco 46, 221
English Willow Basketworks **135**, 221
Ercol **138**, **140**, 144, **144**, **146-149**, **160**, **162**, **165**, 221
estofamento 9, 12, 14, **77**, 78, 84, 94, 134, **150**, 152, 154, **155-156**
extrusão (plástico) **21**, **23**, 26, **29**, 30, **32**, **38**, 96, **108**, 114, **115**, 116, **117**, 208, **209**, **211**, 220; coextrusão (metal) 47; (plástico) 114, **118-119**

fiação (fio) 86, **91**; sem torção **97**
fibras naturais 8, 12, 98, 100, *154*, 220; *ver também* fibras vegetais e lã
fibras vegetais **21**, 94, **95**, 96, 100, 128; *ver também* algodão, fio, cânhamo e linho
Finnforest 58, **59**, **61**, **65**, 66, **67–68**, 221
fio *17*, 85-86, 86, **88**, **91**, **93**, **95**, **97**; *ver também* fibras naturais, fibras vegetais e lã
Firma Chrome **169**, 221

Haworth Scouring 86, **87-88**, 221
Heinen Leather 78, **78**, 80, **81**, **83**, 221
Hydro **47**, 221

I Dress Myself **177-78**, 221
impressão sem água 15, *15*, 180, **181**, 182, *182*, **183**
impressão *ver* impressão à base de água, impressão sem água e serigrafia

junções 14, 136, **138**, **140**, 142, **143**, 144, **150**, **155**, **160**; caixa e espiga *143*, **143-144**, **146**, **149**; cauda de andorinha *143*, **143-144**; espinga *143*, **143**, **146**, **147**, **150**; finger **60**, *60*, *143*, **143-144**, **147-148**; gabaritos 144, **146**, **150**, 154; inserido **143**, **149**
Jürgen Mayer H 66, 221

lã 6, 12, 84, **85**, *85*, 86, **87-88**, **90-91**, **93**, 92, 96, 154, *154*, 156; lavagem 6, **85**, 86, **87-88**, penteada *85*, **88**; tingimento 6, *10*, **85**, 86, 88, **90**, **93**; tosquia 6, *86*; *ver também* fiação, fibras naturais e tecelagem
laminado envernizado (LVL) *ver* madeira projetada
legislação 10, 14, 160, 188, **190**, 198; *ver também* certificação
liga de alumínio 7, 13, 14, *41*, 44, **45**, 46, **47**, 49-50, 54, **105**, **107**, **199**, 220; minério de bauxita 7, **45**, 46, 47; reciclagem 46, 200, **206-207**, *214*; *ver também* metal
liga de cobre 41, 45, 46, **47**, 48, 49, **49**, 50, **51**, 54, **199**, 200, **202**, 220; bronze 49, 50; latão 49, 50; reciclagem 50, **199**, 200, **200**, **204**, **207**; *ver também* metal
linho *13*, 95, **95-97**, 98, 100, *100*, **101**, 128, **129**, 220; *ver também* fibras vegetais
Lola Group *13*, **97**, **129-131**, 221

madeira 8, 12, *12*, 15, *31*, 32, 34, 56, 58, **59**, **60**, *60*, **61**, 62, **63**, 64, **65**, **71**, 72, **73**, 96, 136, 138, **140**, 142, **143**, 144, **146-147**, 160, **160**, **162**, *164*, **187**, **192**, **213**, *214*, 220; anatomia da **57**; cerne **57**,*58*, *60*, 220; fibras **113**; florestal **59**; lascas 64, **108**; madeira de lei 12, *154*, **155**, 220; madeira moldada 136, **137**, 138, **140**; polpa *ver* papel; camadas **57**, 220; composto de madeira e plástico (WPC); conífera; papel; resíduo; *ver* composto e plástico; conífera 12; resíduo 12, 15; verde **61**, **137**; *ver também* junções, madeira projetada e madeira serrada

madeira projetada 12, *57*, **59**, 62, 64, **73**, 220; compensado *12*, 62, *63*, **65**, **67**, **68**, **155**, 220; laminado envernizado (LVL) 62, *63*, **65-67**,220
madeira serrada 57, **59-61**, *60*, 62, 64, **66**, **73**, 220
madeira verde *ver* madeira
Mallalieu's of Delph **90-91**, **93**, 221
Mazzucchelli 32, **32**, **34**, **117**, *118*, **119**, 221
metal *21*,40, **57**, **74**, **83**, 96, 98, *121*, **138**, **155**, 160, **167**, 168, *168*, 175-176, 182; ferroso **202**, **206**, **217**, 220; fragmentação **202**; metal pesado **97**, **200**; metálico 82, **183**, 210; metalização *167*, 168; não ferroso **49**, **202**, **206**,**217**, 220; precioso **204**; produção 8, 13, **41**, **43**, **49**, 54; reciclagem *12-14*, *16*, 42, 42, 50, *50*, **190**, **199**, **200**, **204**, **206-207**, **219**;*ver também* aço, liga de alumínio e liga de cobre
Metsä Board Corporation 72, **73-74**, 221
Metsä Tissue **214**, **215**, 221
minério de bauxita *ver* liga de alumínio
moldagem a vapor 14, 136, **137-138**, 138, **140**, **148**,220
moldagem por compressão 27, **38**, **99**, *105*, 110, **111**,112, **113**, **115**, *124*, **127**, 220
moldagem por injeção 8, 14-15, 26, **27**, **29**, 30, 100, 104, **105**, **107-108**, 110, *111*, *112*, **113**, **115**, **115**, **117**, *127*, **133**, *153*, **187**, 220–221
moldagem por rotação *121*, **121**, 122, *133*

orgânico 8, 22, 86, 96, 176

Palm Equipment Europe **122**, 221
papel *21*, **59**, 64, 70, **71**, 72, 72, *121*, **162**, **171**, 172, 174, 176, **181**, 182; jornal *182*; polpa 30, **59**, 64, 70, **71**, 72, 72, **73**, **74**, 212, **213**, 214, **215**; produção de papel 13, **25**, 32, 72, **74**, **95**, **215**; reciclagem 9, 172, **199**, 212, **213**, 214, *214*, **215**, **217**
papelão *ver* papel
PaperFoam **27**, **105**, **106**, **107**, **113**, 221; *ver também* plástico de base biológica
Park Lane Press 182, **183**, 221
penteado 6, **85**, **88**, **96**; *ver também* cardado e lã
Pilkington Group Limited: Activ 54; Alastair Pilkington **53**, **55**, 221; K Glass 54; Optifloat 54, *54*
plástico 8, 9, 11, *13*, 13-16, *17*, 20-22, **23**, 24, 25, 26, *28*, **29**, 30, **31**, 32, **34**, **37**, 53, 54, **57**, *71*, 95, **99**, 100, 106, **108**, 115-116, **118-119**, 122, **124**, 160, **171**, **173**, 174, 176, **181**, 182, *210*, 218,220; à base de madeira 106,*108*,**108**, 116, 210, 221; *ver também* celulose e plástico de base biológica; biodegradável 13, 22, 22, 106, 220; cor 9, *15*, 20, 30, **31-32**, 34, **34**, 112, 114, 116, *116*, **117-119**, *118*, 122, *124*, **125**, *210*,**211**; embalagem 106; polimerização **21**,**23**; reciclagem 9, 9, 15, *15-16*, 99, 112, 120, **121-122**, 122, **124-125**, 128, *187*,**190**, **199**, 208, **209**, 210, **211**, *214*; reforçado com fibra 98, 100, 126, **127**, 128, 220 (*ver também* composto); separar plástico reciclado 16, **202**, **204**, **207**, **209**, **211**, **219**; termoendurecido *21*, 22, 220; termoplástico *21*, 38, **68**, **99**, 100, 106, 114, 122, 128, 154, 220
plástico de base biológica 13, **21**, 22, 22, 24, 26, **27-28**, 100, **105**, 106, **108**, 116; à base de amido 24, *25*, **25**, 26, **27-28**, **105**, 106, **107**, 112, **113**; bioplástico 12-14,*13*, 24, **25**, **28-29**, *28*, *37*, **99**, 100, 104, 106, **107-108**, 110, **113**, 114, 116, 128, 144, 220

plástico termoendurecido *ver* plástico
poli-hidroxialcanoato (PHA) 25, **28-29**, *28*, 106, **108**; *ver também* plástico de base biológica
polpa *ver* papel

reciclagem 7–10, **9**, *12–16*, *13*, *15*, 20, 22, **23**, 32, 38, 40, 42, **42**, 44, 46, 46, 50, **50**, **53**, 58, 70, 72, 100, **105**, 110, 116, 122, **122**, **124-125**, *124*, 126, 128, 172, **173**, **177**, 186, **187**, 188, **190**, **192**, *195*, **195-196**, 196, 198, **199-200**, 200, **202**, **204**, 207, 208, **209**, 210, 211, **211**, 212, **213**, 214, **215**, 216, **217**, 218, *218*, **219**, 220; *ver também* papel, plástico e vidro
reciclagem mista *ver* reciclagem
recuperação 9-10, 16, *17*, 20, 22, 186, **187**, 188, **190**, **196**, *199*, 200, **202**, **204**, **209**, 210, *213-214*,**213**, *214*, **215**; *ver também* reciclagem
redução (emissões, energia ou resíduo) 9-11, *12*, 13-16, 22, 32, **37**, 42, 42, 50, 54, 64, 66, 72, **74**, 78, **85**, 86, 98, 126, 128, **137**, 144, 158,*168*, 174, **177**, 180, 186, 188, **190**, **195**, 196, **196**, 208, *210*, **211**, 212, **213**, 218
Regain Polymers Limited **211**, 221
renovação 9, 16, 186, *187*, 188, **188**, **192**
reúso 9, 13, 16, 42, **68**, 78, 168, 186, **187**, 188, **188**, **190**, 194, *195*, **195**, 196, *199*, **200**, **202**, **204**, 209-210, 210, *213*
revestimento *ver* à base de água: revestimento

SCP **155-156**, 221
serigrafia 7, 14, *171*, 174, **175**, **175**, 176, **177-178**, *181*
Sims Metal Management **188**, **190**, **200**, **202**, **204**, **207**, 221
Smile Plastics *15*, *124*, **125**, 221

tear *ver* tecelagem
tecelagem 6, 14, 32, **88**, 92, **97**, **101**,*128*, **131**, **133**; tear **92-93**; *ver também* cestaria
termoplástico *ver* plástico
termoplástico de amido *ver* plástico de base biológica
têxteis 8-9, *10*, 11, 13, **25**, 26, 32, 64, 84, **95**, 106, **153**, **156**; impressão 174, 176, *178*; *ver também* impressão à base de água
Treeplast **108**, **108**, 221

Umeco *13*, *17*, **101**, 221
United States Steel Corporation **43**, 221

vidro 8, 14, *21*, 52, **53**, 54, *54*, **55**, *121*, 176; casco 14, **53**, 218, **219**, 220; embalagem **195-196**, 196; fibra 13, *17*, 98, 100, *100*, 128; reciclagem 9, **199**, **202**, 216, **217**, 218, *218*, **219**

Warwick Innovative Manufacturing Research Centre *13*, **97**, **129**, 221
Whin Hill Cider **196**, 221

Zaxos Stathopoulos **192**, 221

Administração Regional do Senac no Estado de São Paulo
Presidente do Conselho Regional:
Abram Szajman
Diretor do Departamento Regional:
Luiz Francisco de A. Salgado
Superintendente Universitário e de Desenvolvimento:
Luiz Carlos Dourado

Editora Senac São Paulo
Conselho Editorial:
Luiz Francisco de A. Salgado
Luiz Carlos Dourado
Darcio Sayad Maia
Lucila Mara Sbrana Sciotti
Jeane Passos Santana
Gerente/Publisher:
Jeane Passos Santana
Coordenação Editorial:
Márcia Cavalheiro Rodrigues de Almeida
Comercial:
Marcelo Nogueira da Silva
Administrativo:
Luís Américo Tousi Botelho

Edição de Texto:
Maísa Kawata
Preparação de Texto:
Denis Cesar da Silva
Revisão de Texto:
Ivone P. B. Groenitz (coord.), Mariana B. Garcia,
Karina A. C. Taddeo
Editoração Eletrônica:
Marcio S. Barreto
Foto da Capa:
Frente: Lã (Mallalieu's of Delph)
Verso: Reciclagem de plástico (Regain Polymers Ltd.)

Traduzido de
Sustainable materials, processes and production
Publicado por acordo com a Thames & Hudson, Londres.
© 2013 Rob Thompson e Martin Thompson
Projeto Gráfico de Christopher Perkins

Proibida a reprodução sem autorização expressa.
Todos os direitos desta edição reservados à
Editora Senac São Paulo
Rua Rui Barbosa, 377 – 1º andar – Bela Vista – CEP 01326-010
Caixa Postal 1120 – CEP 01032-970 – São Paulo – SP
Tel. (11) 2187-4450 – Fax (11) 2187-4486
E-mail: editora@sp.senac.br
Home page: http://www.editorasenacsp.com.br

Edição brasileira © 2015 Editora Senac São Paulo

Dados Internacionais de Catalogação na Publicação (CIP)
(Jeane Passos Santana – CRB 8ª/6189)

Thompson, Rob
    Materiais sustentáveis, processos e produção / Rob Thompson; fotografias de Martin Thompson; tradução de Débora Isidoro. – São Paulo: Editora Senac São Paulo, 2015.

    Título original: Sustainable materials, processes and production.
    Glossário.
    ISBN 978-85-396-0842-3

    1. Materiais – aspectos ambientais   2. Processos de fabricação – aspectos ambientais 3. Gestão da produção – aspectos ambientais 4. Reciclagem de materiais: Sustentabilidade I. Título.

14-286s   CDD-670
                                                     BISAC TEC000000

Índice para catálogo sistemático:

    1. Materiais : Processos de fabricação – aspectos ambientais   670